비행청소년 08

내 이름은 공동체입니다

초판 1쇄 발행 2015년 8월 25일
초판 6쇄 발행 2021년 9월 6일

지은이 장성익   그린이 신병근
펴낸이 홍석   이사 홍성우
인문편집팀장 박월   편집 박주혜   디자인 신병근
마케팅 이송희·이가은·한유리   관리 최우리·김정선·정원경·홍보람·조영행
사진 제공 동네목수, 성남 복정고등학교, 성대골 사람들, 성미산학교, 인디고 서원,
        (주)노나메기, 청구3차아파트 마을 공동체, 최인기, 풀무농업고등기술학교,
        홍동 마을 마을활력소, 위키미디어 커먼즈

펴낸 곳 도서출판 풀빛   등록 1979년 3월 6일 제2021-000055호
주소 07547 서울특별시 강서구 양천로 583 우림블루나인 A동 21층 2110호
전화 02-363-5995(영업), 02-364-0844(편집)   팩스 070-4275-0445
홈페이지 www.pulbit.co.kr   전자우편 inmun@pulbit.co.kr

ⓒ 장성익, 2015

ISBN 978-89-7474-775-6 44330
ISBN 978-89-7474-760-2 44080(세트)

이 책의 국립중앙도서관 출판시도서목록(CIP)은 서지정보유통지원시스템 홈페이지(seoji.nl.go.kr)와
국가자료공동목록시스템(www.nl.go.kr/kolisnet)에서 이용하실 수 있습니다.
(CIP제어번호 : CIP2015021261)

* 책값은 뒤표지에 표시되어 있습니다.

비행청소년
08

내 이름은 공동체 입니다

장성익 글 신병근 그림

풀빛

오래된 지혜로부터
다시 돌아온 이름

우리는 오랫동안 공동체에서 멀어져 있었습니다. 저마다 자기 사는 데
몰두하느라 공동체를 잊어버리거나 잃어버린 채로 허겁지겁 달려왔지
요. 우리가 이렇게 된 것은 세상과 시대가 너무나 크고 빠르게 바뀐 탓입
니다. 그런 변화를 이끈 것은 산업화, 근대화, 도시화 바람이었습니다. 변
화의 거센 파도는 사람들의 생각과 사는 방식도 바꾸어 놓았습니다. 수
많은 사람이 경제성장, 물질의 풍요, 개인의 성공과 출세, 경쟁과 효율과
속도 같은 것들을 떠받들게 된 것이 대표적이지요. 그 와중에 공동체가
우리 삶에서 잊히고 아스라이 멀어져 간 것은 자연스런 일이었습니다.

  그런데 요즘 들어 공동체가 돌아오고 있습니다. 새롭게 떠오르고 있습
니다. 그 이유와 배경은 뭘까요?

  요즘 많은 사람은 새로운 사실을 깨닫고 있습니다. 자기 혼자 잘살아
보겠다고 안간힘을 쓰지만 그렇게 외딴섬처럼만 살아서는 온전한 행복

을 누릴 수 없다는 사실을 말입니다. 또 새로운 의문을 품는 사람도 늘고 있습니다. 열심히 일하고 바쁘게 살면서 앞만 보고 달려가는 길의 끝에는 무엇이 기다리고 있을까, 왜 그렇게 정신없이 달려야만 할까 하는 의문 말입니다. 그래서 사람들은 다른 방식의 삶, 다른 형태의 세상을 꿈꾸고 소망하게 되었습니다.

그렇게 해서 찾은 소중한 대안의 하나가 공동체입니다. 더불어 살고 함께 어울리는 삶. 서로 돕고 나누는 생활. 그렇습니다. 공동체는 우정과 연대와 협동의 가치가 살아가는 데 어떤 의미를 지니며 어떤 힘을 발휘하는지를 몸소 경험하게 해 줍니다. 사람이란 본디 '관계' 없이는 살 수 없는 사회적 존재라는 사실을 새삼 일깨워 줍니다.

그래서 사람들은 공동체를 꾸리거나 공동체 활동에 참여하면서 삶의 새로운 '맛'과 '멋'과 '흥'을 느끼고 또 즐기게 됩니다. 그런가 하면 공동체를 통해 혼자서는 감당하기 힘든 문제들을 보다 손쉽게 해결하기도 합니다. 고립되고 단절된 낱낱의 개인으로 흩어져 살아가는 게 아니라 여럿이 함께 어우러지니 사는 기쁨과 즐거움이 높아집니다. 다수의 힘과 지혜를 모으니 할 수 있는 일과 하고 싶은 일이 더욱 많아집니다. 그리하여 오늘날 공동체는 삶을 바꾸고, 그럼으로써 세상도 바꾸고 있습니다. 개인과 사회 모두에 활력과 생기, 상상력을 불어넣어 주는 또 하나의 원천이 되고 있습니다. 새로운 미래로 가는 또 다른 길, 또 하나의 가능성이 열리고 있는 셈이지요.

　이것이 현실에서는 대표적으로 마을 공동체와 협동조합으로 나타나고 있습니다. 이 책에서 이 두 가지 공동체를 집중적으로 살펴본 까닭입니다. 오늘날 떠오르는 공동체의 선두주자라 할 만한 이 둘은 물론 다릅니다. 하지만 연대와 협동, 호혜와 상부상조의 깃발 아래 새로운 삶, 새로운 일, 새로운 사회를 일구고자 한다는 점에서 공통의 가치와 의미를 지닙니다.

　둘 다 아직 널리 퍼지지는 못했습니다. 성공 사례가 그리 많은 것도 아니고요. 하지만 시행착오와 우여곡절을 겪으면서도 꾸준히 성장과 발전을 거듭하고 있는 건 분명한 사실입니다. 중요한 것은, 이 둘을 비롯한 최근의 다양한 공동체 움직임이 우리 삶과 사회가 이제껏 걸어온 길을 성찰하는 동시에 새로운 내일을 여는 데 아주 뜻깊은 구실을 하고 있다는 점입니다. 공동체에 대한 더욱 높은 관심과 참여가 요청되는 이유가 여기에 있습니다.

　하지만 공동체에 대해 관념적인 환상을 가지거나 무조건적으로 미화하는 건 피하는 게 좋습니다. 공동체라고 해서 마냥 좋고 즐겁고 아름답고 신나는 것은 아닙니다. 공동체도 서로 다른 사람들이 뒤섞여 사는 곳이긴 마찬가지입니다. 때때로 갈등과 다툼이 벌어질 수밖에 없고, 한계와 오류가 드러날 수밖에 없고, 위기와 실패를 겪지 않을 수 없지요. 얼핏 겉으로는 잘 돌아가는 것처럼 보이는 공동체가 속은 멍들어 있는 경우도 없지 않습니다.

어설픈 '바깥의 눈'이나 책으로만 접한 '관념과 당위의 시각'은 공동체의 참모습을 이해하는 데 오히려 걸림돌이 될 수도 있습니다. 공동체는 만병통치약도 아니고 요술 지팡이도 아닙니다. 곧장 천국으로 이어지는 고속도로는 더욱 아니고요. 빛이 있으면 그늘도 드리우기 마련입니다. 공동체는 완성된 결과물로 어느 날 갑자기 하늘에서 떨어지는 게 아닙니다. 어쩌면 서로 부대끼고 부딪히면서, 그렇게 끊임없이 흔들리면서 새롭게 만들어 가는 기나긴 '과정'이야말로 공동체의 본질인지도 모릅니다.

그래서 중요한 것은 균형 잡힌 시각으로 공동체를 제대로 이해하는 일입니다. 한 걸음 더 나아가, 이를 바탕으로 나에게 공동체란 무엇인지, 공동체가 내 삶과는 어떤 관계가 있고 내가 몸담고 살아가는 이 세상에는 어떤 메시지를 던지는지 등과 같은 문제들도 진지하게 궁리해 본다면 더욱 좋겠지요.

공동체가 '뜬다'고 했지만 공동체에 대한 불신이나 편견이 적지 않은 것 또한 사실입니다. 공동체에 대한 무관심이나 냉소도 무시하기 어렵고요. 무엇보다, 자본의 돈벌이 논리와 국가의 권력 논리가 주인 노릇하는 지금의 지배적인 자본주의 사회경제 시스템이 공동체를 그다지 좋아하지 않습니다. 그만큼 공동체가 가는 길 앞에는 넘어야 할 높은 산과 건너야 할 깊은 강이 무수히 가로놓여 있으리라는 얘기지요.

그러나 공동체는 우리 인간과 늘 함께해 왔고 앞으로도 함께할 것입니다. 공동체는 오래된 것인 동시에 새로운 것입니다. 오래된 것인 만큼 공동체에는 긴 세월에 걸쳐 수많은 사람이 쌓아 온 삶의 지혜가 오롯이 담겨 있습니다. 새로운 것인 만큼 공동체에는 지금과는 다른 미래를 열 소중한 꿈과 상상력과 역동성이 꿈틀거리고 있습니다. 그래서 비록 공동체의 앞길이 멀고 험할지라도 그 길은 아마도 우리가 손 맞잡고 헤쳐 가야 할 '인간의 길'일 것입니다.

그동안 풀빛출판사에서 책을 여러 권 냈으면서도 이런 자리에서 출판사 식구 여러분에게 제대로 감사의 뜻을 전하지 못했습니다. 이에 이 책이 나오기까지 많은 애를 쓰신 홍석 대표님을 비롯해 모든 직원 여러분에게 감사의 인사를 드립니다. 그 가운데서도 특별히 김재실 편집자는 기획 단계에서부터 원고를 쓰는 과정 전반에 걸쳐 든든한 협력자 구실을 톡톡히 해 주었습니다. 그의 적절한 조언과 세심한 격려가 없었다면 책이 이만한 내용과 꼴을 갖추기는 어려웠을 것입니다.

그러고 보면 책을 만드는 일 또한 공동체적인 협동의 산물인 듯합니다. 여러 사람의 서로 다른 지혜와 재능과 정성이 긴밀하게 어깨동무하면서 조화롭게 어우러져야 비로소 좋은 책이 탄생할 수 있으니까요.

아무쪼록 이 책이 공동체를 좀 더 깊고 폭넓게 이해하는 데 도움이 되길 기대합니다. 나아가, 그럼으로써 공동체를 '남의 일'이 아니라 '나의 관심사'로 여기는 사람이 점점 많아진다면 더더욱 기쁘겠습니다.

2015년 7월

장성익

차례

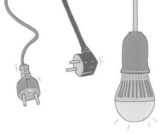

2부 마을이 세계를 구하리라

3부 새로운 미래의 열쇠, 협동조합

4부 공동체를 바라보는 다양한 시선들

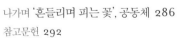

이제 많은 사람이 새롭게 깨닫고 있습니다. 진정으로 행복하고 평화로운 삶, 껍데기가 아닌 내면이 충만하고 풍요로운 삶을 누리기 위해 필요한 것은 결국 물질이 아니라 '사랑'이라는 것을, 경쟁이 아니라 사람 사이의 '관계'라는 것을 말입니다. 바로 공동체에서 만날 수 있고 얻을 수 있고 채울 수 있는 것이지요. 사람들 마음속에 깊숙이 감추어져 있던 '원초적 본능'이 공동체를 디딤돌 삼아 기지개를 펴고 있는 겁니다.

1부

공동체가 온다

1 재난 속에서 꽃피는 우정과 연대의 힘

재난을 당하고도 행복하다?

지난 2003년 10월, 대서양에서 발생한 대형 태풍이 캐나다 동쪽 끝에 있는 핼리팩스라는 도시를 강타한 적이 있습니다. 한순간에 도시 전체가 쑥대밭이 되어 버렸지요. 전기도 끊기고 가게들도 모두 문을 닫았습니다. 그렇게 도시 기능이 거의 마비되다시피 하고 주민들도 큰 피해를 보면서 일상생활이 엉망진창으로 망가지고 말았습니다. 그런데 그 전쟁터나 다름없는 곳에서 놀라운 일이 벌어졌습니다.

　사람들은 공포와 불안에 휩싸이면서도 혼란의 아수라장에 빠지지 않았습니다. 자기만 살겠다고 이기적으로 행동하지도 않았습니다.

1장

왜 지금
공동체를 얘기할까?

오히려 모두 집 밖으로 나와 서로 이야기 나누고, 위로와 격려의 안부 인사를 건넸습니다. 즉석에서 급식소를 만들고, 노인과 아이들을 보살폈습니다. 그들은 이전에는 서로 모르는 사람들이었습니다. 그럼에도 재난이 닥치자 새롭게 우정과 연대의 관계를 맺으며 아는 사이, 서로 돕고 나누는 사이가 된 겁니다. 곧 동무가 된 셈이지요.

그들은 나중에 이렇게 말했습니다. "길거리 파티는 아니었지만 어쨌든 모두가 동시에 밖에 나와 있었어요. 서로 모르는 사이인데도 서로를 보며 행복감을 느꼈죠." 엄청난 재난을 당하고서도 행복감을 맛보다니, 쉽사리 믿기지 않을지도 모르겠네요. 하지만 그들은 실제로 그랬습니다. 서로 알지도 못하고 공통점도 별로 없는 낯선 타인들이었음에도 그들은 마음의 문을 열고 속 깊은 얘기들을 나누면서 친구,

∴ 태풍이 휩쓸고 간 뒤 핼리팩스는 도시 전체가 아수라장이 되었지만, 주민들은 밖으로 나와 서로
이야기 나누며 도시 재건을 위한 노력을 아끼지 않았다.

이웃, 동료라는 느낌을 서로가 서로한테서 강하게 받았습니다. 고통과 절망, 두려움을 함께 겪으면서 이전에는 뿔뿔이 흩어져 섬처럼 단절돼 있던 '개인'들이 비로소 더불어 살아가는 '우리'의 모습을 되찾은 거지요. 그럼으로써 그들은 폐허를 딛고 거뜬히 재난을 이겨 낼 수 있었습니다.

보통 태풍, 지진, 홍수, 가뭄, 화산 폭발 같은 큰 재난이 닥치면 이렇게 생각하기 쉽습니다. 사람들이 이성을 잃은 채 이기적으로 돌변하고, 자기만 살아남으려는 생존 본능에 사로잡혀 흥분과 공포에 빠질 거라고 말입니다. 재난 상황에서는 폭력, 약탈, 살인, 강도, 절도, 방화 같은 것들이 판치리라는 고정관념이 널리 퍼져 있는 것도 이 탓이지요.

이는 물론 전적으로 틀린 생각은 아니고, 실제로 이런 일이 벌어지기도 합니다. 지난 2005년 8월 미국 남부 멕시코 만 연안 도시 뉴올리언스에 초대형 태풍 카트리나가 들이닥쳤을 때를 하나의 보기로 꼽을 수 있습니다. 당시 제방이 무너져 도시의 80퍼센트가 물에 잠기는 바람에 한순간에 도시 전체가 폐허로 변해 버렸지요. 그 결과 사망자와 실종자가 2500여 명에 이르렀고, 재난을 피해 집을 떠난 사람은 무려 100만 명이 넘었습니다.

그런데 이 도시에서는 핼리팩스와는 달리 약탈과 폭력과 살인과 파괴 행위가 난무했습니다. 당시 많은 언론에서는 이것을 이 도시 인구의 대부분을 차지하는 흑인들이 저지른 짓이라고 몰아갔습니다.

물론 이것은 어느 정도 사실이었지만, 동시에 어느 정도는 과장이자 헛소문이기도 했습니다. 사실은 도시에 투입된 경찰이나 군인, 그리고 백인들이 조직한 자경단(지역 주민들이 도난이나 화재 따위의 재난에 대비하고 스스로를 지키기 위해 조직한 민간단체)이 흑인들을 범죄자로 몰아붙이면서 살인과 약탈을 저지르는 경우도 적지 않았지요. 이처럼 2005년의 카트리나 대참사는 진실과 거짓이 어지럽게 뒤섞이면서, 인종 차별과 빈부 격차로 얼룩진 미국의 감추어진 실체를 날것으로 보여 준 치욕적인 사건이었습니다.

1977년 7월 13일 밤 미국 뉴욕 시에서 인근 발전소에 벼락이 떨어지는 바람에 전기가 끊기는

• **당시** 사망자와 피해자의 절대 다수는 흑인이었다. 이들은 대부분 가난했던 탓에 집값과 임대료가 싼 낮은 지역의 빈민가에 몰려 살고 있었고, 그 당연한 결과로 바닷물이 밀어닥치자 가장 큰 피해를 볼 수밖에 없었다. 또한 자동차 같은 긴급 대피 수단을 가지고 있지 않은 사람이 많았기에 피해는 더욱 커졌다. 복구 작업 또한 흑인 거주 지역에서는 빨리 이루어지지 않았다. 피해가 가장 컸음에도 말이다. 세금이 덜 걷힌다는 게 그 이유였다. 카트리나 참사는 미국이라는 나라가 인종과 경제적 부에 따른 불평등이 얼마나 심각한지를, 그리고 그것이 재난을 훨씬 더 참혹한 비극으로 몰아넣는다는 사실을 생생하게 보여 주었다. 이런 현실에서는 핼리팩스 사례에서 볼 수 있는, 재난 속에서도 꽃피어 나는 우정과 연대는 기대하기 어렵다.

초대형 태풍 카트리나가 지나간 뒤
도시 전체가 물에 잠기고
건물이 무너지는 등 폐허가 된 뉴올리언스.

정전 사고가 일어났을 때도 비슷한 일이 벌어졌습니다. 당시 25시간 동안 뉴욕 시 거의 전역에 전기가 끊겼습니다. 그 암흑 속에서 밤새 뉴욕 시내 상점 1700곳이 약탈을 당했고 곳곳에서 화재 사고가 나기도 했습니다. 하룻밤 사이에 경찰에 체포된 사람만 3000명이 넘었다니, 당시 상황이 얼마나 아수라장이었는지는 익히 짐작할 수 있지요. 주민 800만 명의 손발이 꽁꽁 묶인 그야말로 '공포의 밤'이었습니다.

인간이 지닌 놀라운 능력

하지만 수많은 재난 사례를 실제로 들여다보면 이런 경우는 뜻밖에도 그리 많지 않다는 것을 알 수 있습니다. 재난이 닥쳤을 때 기꺼이 낯선 타인에게 물과 음식과 구호 물품을 전해 주고, 이웃을 구조하거나 대피시키고, 위험한 곳에 고립된 사람들을 구하러 가고, 자기 집을 숙소로 제공하고, 재건과 복구 활동에 자원봉사자로 참여하는 사람들 이야기를 우리는 어렵지 않게 접할 수 있지요.

핼리팩스 사례뿐만이 아닙니다. 이를테면, 지난 2004년 남아시아 일대를

초토화시켰던 사상 초유의 지진해일(쓰나미)이 발생했을 때 사망자만 수십만 명에 이르렀지만, 폭동이나 약탈은 없었습니다. 1995년에 5000명이 넘는 사망자를 낳은 일본 고베 대지진 때도 수많은 사람이 서로 돕고 배려하고 협동하는 미덕을 발휘한 덕분에 피해와 혼란을 크게 줄일 수 있었습니다. 복구 작업도 아주 빨리 끝낼 수 있었고요.

물론 재난은 끔찍하고 슬픈 비극입니다. 아무리 좋은 얘기를 갖다 붙인다 해도 겪지 않는 게 가장 바람직하지요. 하지만 재난 속에서, 재난과 더불어, 적지 않은 사람이 불행해지고 남루해지는 게 아니라 그 반대로 더 풍요로워지고 아름다워진다는 건 부인할 수 없는 사실입니다. 적어도 '인간다운 삶'이라는 측면에서는 말입니다. 고난 속에서 그들은 개인의 욕심과 이기심에 사로잡히는 게 아니라 서로 돕고 보살피고 나누었습니다. 고난을 함께 겪고 헤쳐 나가는 과정에서 우정과 연대의 가치가 얼마나 소중한지를 깨달았습니다. 또한 그것을 가능케 해 주는 사람 사이의 '관계'를 되찾았습니다.

이처럼 재난은 그저 불행한 비극으로만 끝나는 게 아닙니다. 우리 모두에게 잠재돼 있는 놀라운 능력을 드러내는 뜻밖의 계기가 되기도 합니다. 이 능력은 어디서 오는 걸까요? 그것은 우리 모두가 인간답게 살기를 원하며 우정과 연대를 갈망하는 존재라는 사실로부터 비롯합니다. 엄청난 재난이나 위기 속에서도 우리 인간은 서로 돕고 나누고 보살피는 우정과 연대의 힘을 발휘할 수 있습니다. 극한의 고난 속에서도 우리 인간은 행복을 꽃피울 줄 압니다.

2 공동체에 담긴 지혜를 찾아서

핼리팩스 태풍 이야기는 사람이란 어떤 존재인지를, 그리고 어떻게 살 때 우리가 위대한 힘을 발휘하며 행복해질 수 있는지를 이해하는 데 하나의 실마리를 제공해 줍니다. 인간이란 본디 다른 사람과 관계를 맺으며 더불어 사는 사회적 존재라는 것, 그리고 그렇게 어깨동무하며 서로 돕고 나누고 여럿이 힘을 합칠 때 사람은 더 행복해질 수 있다는 것이 그것입니다.

자, 바로 이런 맥락에서 이제 여러분은 '공동체'에 관한 다채로운 이야기를 만나게 됩니다. 이 책에는 여러 가지 내용이 담겼지만, 바탕에 깔린 일관된 관심사는 '지금 공동체를 얘기하는 이유는 무엇인가?' 하는 것입니다. 이는 곧, 공동체가 내 삶과 이 세상에 어떤 의미를 지니는지를 탐색하는 것이 이 책의 가장 중요한 문제의식이라는 뜻이기도 합니다.

사람이란 과연 어떤 존재일까요? '좋은 삶', '바람직한 삶'이란 뭘까요? 나와 이 세상이 행복과 안녕을 누리려면, 이 사회를 그런 쪽으로 바꾸려면 무엇을 어떻게 해야 할까요? 물론 이런 질문들에 대한 답은 다양합니다. 단 하나의 '모범 답안'이 있을 수가 없지요. 그 답을 찾아가는 방식과 경로 또한 다채로울 테고요. 이 대목에서 이 책이 주목한 주제가 바로 공동체입니다. 질문에 대한 답을 공동체라는 숲과 그 숲에 난 오솔길들을 따라가면서 한번 찾아보고자 한 거지요. 왜냐하면

답을 찾는 데 도움이 되는 소중한 통찰과 지혜가 공동체에 담겨 있다고 판단했기 때문입니다.

하지만 방금 말했듯이, 이 책이 전하는 내용이 단 하나의 최종적인 답은 아닙니다. 답을 찾고 결론을 내리는 주체는 결국 여러분 자신이지요. 아마도 이렇게 얘기할 수는 있을 듯합니다. 여러분이 나름의 답과 결론을 찾아 나가는 과정에서 한 번쯤은 꼭 들러야 할 곳이, 이 책이 안내하는 공동체라는 숲이라고 말입니다. 그 숲을 거닐면서 여러분이 더욱 깊은 생각거리와 새로운 아이디어를 얻고, 그럼으로써 여러분의 앎과 생각이 보다 높아진다면 더없이 기쁜 일이겠지요.

앎의 길, 생각과 궁리의 길은 끝없이 이어지는 길입니다. 늘 새로워지고 거듭나고 자라는 과정입니다. 이 책도 이런 마음가짐으로 읽어 보기 바랍니다. 공동체에 관한 이야기 또한 열려 있습니다. 중요한 것은 공동체를 제대로 이해하고, 그것을 바탕으로 공동체가 내 삶이나 이 세상과 어떤 관계를 맺고 있는지를 깊이 생각해 보는 것입니다. 자 그럼, 이제 본격적으로 공동체의 숲으로 들어가 볼까요?

1 공동체의 뜻과 쓰임새

최근 들어 이른바 '공동체'라고 하는 것이 '뜨고' 있습니다. 사회 전반
에 걸쳐 공동체에 대한 관심이 크게 높아지고 있지요. 공동체를 다룬
언론 기사와 책이 부쩍 많이 나오는가 하면, 공동체를 주제로 한 행사
나 학술 모임도 자주 열리고 있습니다. 전국 곳곳에서 성공한 공동체
사례들이 널리 소개되기도 하고요. 심지어는 정부에서도 '마을 살리
기' 같은 공동체 활성화 정책을 펼치고 급기야 기업 광고에도 마을 공
동체 같은 것이 소재로 등장하고 있습니다.

공동체가 이렇게 큰 인기를 누리게 된 데에는 물론 그만한 이유와
배경이 깔려 있습니다. 이에 관한 얘기는 공동체 논의에서 상당히 중

2장

공동체란 뭘까?

요합니다. 커다란 역사적 흐름의 변화와 거대한 사회 변동과도 밀접
하게 맞물려 있으니까요. 그래서 이 얘기를 하기 전에 우선, 공동체란
과연 무엇인지부터 짚어 보는 게 좋을 듯합니다. 수많은 사람이 공동
체를 입에 올리지만 공동체란 말의 쓰임새가 워낙 넓은 탓에 정확한
뜻을 가늠하기가 쉽지 않기 때문입니다.

공동체란 단어를 표준국어대사전에서는 '생활이나 행동 또는 목적
따위를 같이하는 집단'이라고 풀이하고 있습니다. 아주 간략하면서
도 두루뭉술한 설명이지요. 실제로 공동체란 말은 아주 다양하게 쓰
입니다. 실체가 분명하지 않은 애매모호한 말이라고 할 수 있지요.

이를테면 집(가정), 학교, 또래 친구들, 일터(직장), 종교단체(교회, 성
당, 절) 등은 모두 공동체라고 할 수 있습니다. 시민들이 어떤 공동의

목표를 이루려고 모여서 만든 시민단체도 공동체이고, 노동자의 권익과 지위를 높이려는 조직인 노동조합도 공동체입니다. 요즘 빠르게 퍼지고 있는 협동조합도 공동체이기는 마찬가지입니다. 뜻과 꿈이 맞는 사람들끼리 별도의 장소에서 자기들만의 공동체를 만들어 살아가기도 하지요. 또 관점을 약간 달리하면 씨족, 부족, 민족 같은 핏줄 중심 공동체도 있고, 마을 공동체나 지역 공동체나 도시 공동체 같은 공간 중심 공동체도 있습니다. 국가 또한 하나의 공동체임에 틀림없고, 유럽연합(EU)이나 유엔(UN) 같은 아주 큰 단위의 공동체도 있습니다. 나아가 지구촌 공동체, 인류 공동체라는 용어도 널리 쓰입니다. 심지어는 자연 생태계와 동식물을 포함한 생명 공동체, 생태 공동체라는 말도 심심찮게 쓰이지요. 정보화 시대를 맞이하여 인터넷이나 사회 관계망 서비스(SNS) 등으로 만들어지는 사이버(온라인) 공동체도 있고, 갖가지 동호회, 동문회, 향우회, 취미 모임, 스포츠클럽, 친목 모임, 계 같은 것들도 모두 일종의 공동체라고 할 수 있습니다. 태풍이 휩쓸고 간 핼리팩스의 황폐한 거리에서 사람들이 마음을 열고 만들어 낸 것 또한 공동체의 하나임이 분명하고요. 비록 일시적인 것이었지만 말입니다.

이처럼 공동체란 말은 아주 광범위한 뜻과 쓰임새를 품고 있습니다. 하지만 그렇다 해도 '공동체란 무엇인가?'라는 질문을 비켜 갈 수는 없습니다. 공동체에 관한 여러 논의의 바탕이 되는 게 이것이니까요. 그런데 이 질문에 대답하려면 우선 사람이 어떤 존재인지를 알아야 합니다. 공동체란 것도 결국은 사람이 모여서 만드는 것 또는 사람들이 모임으로써 이루어지는 것이기 때문입니다.

2 공동체를 이루는 세 가지 요소

사람은 어떤 존재인가?

사람은 흔히 '사회적 동물'이라 불립니다. 사람은 혼자서 외톨이로 살수 없습니다. 어울리고 모여서 사는 게 바로 사람의 가장 중요한 특징 가운데 하나지요. 한자로 사람 인 자(字)는 '人'이고 인간은 '人間'이라고 쓰잖아요? '人'을 보면 둘이 서로 기대어 하나를 이루고 있는 모습입니다. 한쪽이 빠지면 균형을 잃고 그대로 쓰러질 수밖에 없는 형상이지요. 서로 기대는 존재, 곧 서로 어울려야만 살 수 있는 존재가 바로 사람입니다. 또한 人間에서 '間'은 사이 간 자잖아요? 사람 사이, 곧 '관계'가 인간의 본질이라는 말입니다. 이처럼 사람은 '함께하는' 존재, '더불어 사는' 존재입니다. 무리를 이루어 사는 존재, 곧 공동체적 존재가 사람이라는 얘기지요.

실제로, 기나긴 인류 역사에서 사람이 숱한 고난과 시련을 겪으면서도 살아남을 수 있었던 것은 무리를 짓고 공동체를 이루어 함께 산 덕분입니다. 지진, 화산 폭발, 태풍, 홍수, 가뭄, 전염병, 빙하기 때의 혹독한 추위 같은 것들이 들이닥쳤을 때를 한번 떠올려 보세요.

사람이 모여서 함께 살지 않고 제각각 외톨이로 살았다면 과연 얼마나 살아남을 수 있었을까요? 어쩌면 재난 자체보다 무서움과 외로움을 이기지 못해 삶을 더는 지탱하기 어려웠을지도 모릅니다.

사실, 공동체는 사람들이 살아가는 보편적인 삶의 방식이라고 할 수 있습니다. 사람은 수많은 공동체적 관계와 활동 속에서 생존과 생활을 이어 갑니다. 사람은 동시에 그런 다양한 공동체적 관계와 활동 속에서 자신의 사회적 위치를 가늠하고 확인합니다.

이는 곧, 사람은 공동체 속에서 자기의 욕구와 필요를 채울 수 있고, 또 공동체와 더불어 더 나은 삶으로 나아갈 수 있음을 뜻합니다. 그러므로 따지고 보면 공동체는 낯설거나 나와 동떨어진 게 아니라 이미 내 삶과 깊이 연결돼 있습니다. 우리는 이미 공동체 속에서, 공동체와 더불어 생활하고 있다는 거지요. 우리는 여기서 다시 한 번 사람이란 본질적으로 공동체적 존재라는 사실을 확인하게 됩니다.

그런데, 공동체가 이렇게 중요함에도 공동체에 대한 설명은 시대에 따라, 학자에 따라, 연구 분야에 따라 제각각 다릅니다. 무엇을 공동체로 봐야 하는지, 공동체의 속성이나 특징은 뭔지 등을 둘러싸고 수많은 이론과 주장이 나오고 있는 탓에 갈피를 잡기가 쉽지 않지요. 특히 현대에 들어 사회가 갈수록 거대해지고 복잡해지면서 새로운 유형이나 성격의 공동체가 속속 등장하고 있습니다. 공동체를 설명하는 하나의 명확한 틀을 정하기가 더욱 난감해질 수밖에 없는 까닭입니다.

공동체의 개념과 특성

그럼에도 전통적으로 다음의 세 가지 차원이 갖추어져야 제대로 된 공동체라고 할 수 있다는 데 대체로 의견이 모아져 왔습니다. 조금 딱딱하게 느껴질지 모르겠지만, 공동체를 체계적으로 이해하는 데 도움이 되는 내용이니 한번 들어보기 바랍니다.

첫 번째는 물리적 공간, 곧 지리적 영역입니다. 사람의 여러 가지 활동과 일이 이루어지는 구체적인 장소를 말하는 거지요. 이것을 공동체의 본질이라고 하기는 어렵습니다. 하지만 이것은 일반적으로 공동체를 가능하게 하는 기본 조건으로 꼽습니다.

두 번째는 사회적 상호작용입니다. 이는 곧 사람들 사이에 맺어지는 관계를 뜻합니다. 이런 관계의 망과 조직, 사회적 체계, 제도 등을 두루 포괄하기도 하고요. 사람들 사이에 마음과 생활을 나누고, 함께 어려운 일을 해결하거나 필요한 것을 얻고자 하는 것이 공동 목적이 되어, 자연스럽게 사람과 사람 사이에 관계가 만들어지는 것, 바로 이것이 공동체의 출발점이자 바탕이자 핵심입니다.

세 번째는 그렇게 관계 맺은 사람들이 공유하는 집단의식으로서 공통의 연대입니다. 이것은 '우리'라는 공통의 감정, 구성원 사이에 서로 지켜야 할 도덕과 규범, 구성원들이 공유하는 가치와 신념과 목표 등을 가리킵니다. 쉽게 말하면 하나의 공동체에 속해 있다는 데서 비롯하는 일치감, 동질감, 소속감, 안정감, 연대의식 같은 것들이지요.

요컨대, 공동체란 결국 '생활을 비롯해 공통의 활동이나 일이 이루어지는 공간에서, 서로 관계를 맺고 상호작용하면서, 유대감을 공유하는 집단'을 뜻한다고 할 수 있습니다.

물론 이 세 가지 차원은 시대 흐름에 따라 그 의미나 중요성이 바뀌기도 합니다. 이를테면 지리적 영역의 경우, 요즘은 사는 곳이 다르거나 멀리 떨어져 있어도 공동체를 이루는 게 불가능한 것은 아닙니다. 그래서 공동체의 핵심 차원으로서는 그 중요도가 조금 떨어졌다고 볼 수 있지요. 사이버(온라인) 공동체처럼 아예 지리적 영역과는 상관이 없는 공동체가 있을 수도 있고요. 그래서 요즘은 두 번째로 말한 서로 돕고 의지하는 호혜적 관계와, 세 번째로 언급한 공통의 연대의식을 더 중요하게 여기는 편입니다. 하지만 이 세 가지가 전통적으로 공동체가 무엇인지, 그리고 공동체가 어떻게 만들어지고 유지되는지를 이해하는 데 뼈대가 된다는 건 분명한 사실입니다.

이론보다 살아 움직이는 공동체를 보자

아마도 이 정도의 설명만 듣고서 공동체 개념을 명확하게 머릿속에 그리기란 그리 쉽지 않을 성싶습니다. 공동체를 이루는 핵심 요건으로 세 가지 차원을 제시하긴 했지만, 본래 공동체란 것 자체가 워낙 광범하고 다양한 탓입니다. 또한 그 개념 또한 끊임없이 움직이면서 열려 있기 때문이지요. 뒤에 나올 2부와 3부에서는 마을 공동체와 협동조합 이야기가 집중적으로 펼쳐지는데, 이 책이 다양한 공동체 가운데서도 특히 이 두 가지를 주목한 이유 가운데 하나도 이 점과 관련이 있습니다. 즉, 공동체 논의의 범위를 좁혀서 초점과 문제의식을 좀 더 분명히 할 필요가 있다는 얘기지요.

사회 공동체, 국가 공동체, 민족 공동체, 지구촌 공동체 등과 같은 쓰임새에서 보듯, 사실 우리는 많은 사람이 모여 집단을 이룬 곳에는 공동체란 말을 습관적으로 갖다 붙이곤 합니다. 방금 말했듯이 일상에서 공동체란 말은 명확한 개념 규정 없이 이런 식으로도 자주 쓰입니다. 하지만 공동체를 이처럼 너무 두루뭉술하고 폭넓게 접근하면

논의의 초점이 사라지거나 흐릿해져서 '뜬구름 잡는' 이야기로 흘러
갈 위험이 높아집니다.

이에 견주어 기본적으로 마을 공동체와 협동조합은 좀 전에 얘기
한 공동체의 세 가지 차원을 대체로 갖추고 있을 뿐만 아니라, 우리
주변에서 구체적으로 접하거나 들여다볼 수 있는 것들입니다. 공동
체의 실체와 규모, 활동의 흐름이나 사람들의 실제 움직임 같은 것들
을 보다 또렷이 확인할 수 있다는 거지요. 그래서 마을 공동체와 협동
조합을 살펴보면 공동체의 개념과 상(像)을 한결 손쉽게 이해할 수 있
게 됩니다.* 결국, '공동체란 이러저러한 것이다'라는 딱딱한 이론적
설명에 집착하기보다는, 그런 논의를 바탕으로는 하되 현실에서 실
제로 움직이는 공동체를 살펴보는 것이 공동체 공부에 더 효과적인
셈입니다. 아마도 책을 읽어 나가다 보면 이런 사실을 자연스레 확인
하게 될 것입니다.

* **뒤에서** 자세히 얘기하겠지만, 두 공동체가 무엇인지를 간단히 줄여서 말하면 이렇다.
마을 공동체란 가까운 곳, 곧 마을이라 불리는 공간에서 긴밀한 관계를 맺으며 어울려 사
는 사람들이 생활상 문제나 필요들을 공동으로 해결하고 나아가 공동의 가치를 이루어
나가고자 하는 생활 공동체라고 할 수 있다. 협동조합은 경제적 약자를 비롯한 평범한 생
활인들이 경제적 측면을 비롯해 다양한 분야에서 공동의 필요와 소망을 충족시키려고
만든 조직체라고 할 수 있다. 자율적·자발적으로 만들고, 구성원 모두가 공동으로 소유
하며, 민주적으로 운영하는 것 등을 핵심 원리로 삼는 게 협동조합이다.

1 전통사회와 공동체

그럼, 공동체는 언제나 어디서나 같은 모습이었을까요? 두말할 필요도 없이 그건 아닙니다. 공동체는 시대 흐름과 사회 변동에 따라 큰 변화를 겪어 왔습니다.

먼저 가족 이야기부터 해야겠네요. 넓은 의미에서 공동체의 출발점이자 원형(原形)이 가족이니까요. 대부분 사람이 태어나서 처음 만나게 되는 사람, 곧 처음으로 상호작용하고 관계 맺는 사람이 가족입니다. 그런 가족과 그것의 확장인 친족이나 씨족 같은 혈연(血緣, 같은 핏줄에 따라 맺어진 인연) 중심 공동체, 마을이나 부락이나 촌락 등으로 불리는 지연(地緣, 태어난 곳이나 사는 곳에 따라 맺어진 인연) 중심 공동체

3장

공동체는
어떻게 바뀌어 왔을까?

가 공동체의 기본 형태입니다.

　잘 알다시피 근대 이전 전통사회는 공동체 중심 사회였습니다. 씨족 공동체나 촌락 공동체 같은 전통적 형태의 공동체를 중심으로 사회가 이루어지고 운영되었지요. 옛날 사람들 대부분은 농업에 종사했기 때문에 서로 힘을 모아 협동하지 않고서는 생활하기 어려웠습니다. 농사란 게 본래 여러 사람이 모여서 일손을 합쳐야만 지을 수 있는 것이니까요. 이런 옛 공동체에서는 신분 제도에 따른 위계질서가 엄격하게 유지되었습니다. 그래서 개인의 개성이나 자율성보다는

ㆍ보통은 이 두 가지가 한데 얽혀 있을 때가 많다. 우리나라 지방 곳곳에 지금도 남아 있는, 같은 성씨끼리 모여 사는 마을을 일컫는 이른바 '집성촌(集姓村)'이 대표적인 보기다.

집단의 결속과 단합, 그리고 전통적인 관습이나 규범이 강조되었습니다. 이런 곳에서 친족 관계를 바탕으로 하는 공동체에 속한 대다수의 사람은 일도 함께하고, 생활도 함께했습니다. 태어남과 죽음도 함께 맞이했습니다.

그래서 농업 중심 전통사회에서 공동체는 사람들이 한평생 일상생활을 보내는 생활 공동체였습니다. 동시에 함께 일하고 더불어 먹고 살기 위한 일종의 경제 공동체이자 일 공동체이기도 했습니다. 생산과 노동을 함께하는 공동 조직이자, 서로 돕고 의지하는 상호부조 시스템이기도 했다는 얘기지요. 그런 공동체 안에서 옛날 사람들은 이해관계나 갈등을 조절하고, 의무와 책임을 익히며, 이웃과 함께 사는 법 등을 배웠습니다. 그러면서 공동체 구성원으로서 끈끈한 정서적 일체감과 유대감을 지니고 있었습니다. 또한 이런 전통사회 공동체는 대체로 규모는 작고, 지리적 경계가 뚜렷했으며, 바깥 세상에 대해 폐쇄적인 곳이 많았습니다. 간추리자면, 전통사회 공동체는 구성원 대다수의 거의 모든 생활이 태어나서 죽을 때까지 끊임없이 되풀이되며 이루어지는 삶의 가장 중요한 틀이자 기본 조건이었다고 할 수 있습니다.

하지만 이런 전통사회를 뿌리에서부터 뒤흔들고 뒤바꾸는 거대한 변화의 물결이 일어나게 됩니다. 세계 전체를 볼 때 18세기 중반 정도부터 시작돼 19세기 후반 이후 더욱 가파르게 이루어진 산업화·도시화·근대화 물결이 바로 그것이지요. 이 엄청난 변화의 흐름은 애초 유럽을 비롯한 서구에서 시작됐지만 세계 곳곳으로 아주 빠르게 퍼져 나갔습니다. 그리하여 지금은 온 세상이 이 물결에 압도적으로 휩싸여 있지요.

2 시대 변화가 새롭게 던지는 문제들

자본주의 확산이 일으킨 사회 변화

이 새로운 흐름의 핵심은 물질 중심의 사회관계, 다시 말하면 자본주의 생활방식이 세상과 인간생활을 지배하게 되었다는 점입니다. 돈, 이익, 경쟁, 계약, 계산, 거래, 합리성 따위를 앞세우는 자본주의 시스템이 세계 전체로 퍼지면서 기존의 공동체 중심 전통사회는 시나브로 사라져 갔습니다. 그러면서 사람은 물론 산업과 돈, 권력, 문화 등이 갈수록 도시로 집중되면서 오랜 세월 공동체의 토대였던 농촌 또한 무너질 수밖에 없었지요. 그 와중에 인간관계가 형식적이고 익명적(이름을, 곧 자신을 드러내지 않는다는 뜻)이고 도구적이고 계산적으로 바뀌어 간 것은 당연한 결과입니다. 게다가 교통통신 수단과 기술이 눈부신 발달을 거듭하면서 지리적 경계나 한계 또한 흐릿해지게 되었습니다. 동시에 갈수록 사회 자체가 아주 빠르게 거대해지고 복잡해지고 다양해졌고요.

이렇게 해서 자본주의적 생활방식을 떠받치는 주요 특성들인 개인주의, 이기적 탐욕, 적대적 경쟁, 효율과 속도 따위가 사람들을 새롭게 사로잡게 되었습니다. 또한 이런 흐름의 연장선에서 세계 인구의 다수를 차지하게 된 도시 사람들은 모래알처럼 서로 나누어지고 흩어진 채 살아가게 되었습니다. 고독과 소외, 고립과 단절 같은 말들이 도시인과 도시생활을 상징하게 된 배경이지요.

그러면서 이제 공동체는 왠지 뒤떨어진 것, 낡고 고리타분한 것, '촌스러운' 것, 자유나 개성을 억압하는 것, 정체나 퇴보를 의미하는 것쯤으로 여겨지게 되었습니다. 반면에 새롭게 떠오른 것은 '개인'입니다. 이는 과거 전통사회의 비민주적이고 봉건적인 굴레, 집단적인 규율이나 구속으로부터의 자유와 해방을 뜻했습니다. 말하자면 '진보'가 이루어진 것으로 간주되었다는 얘기지요. 그런 흐름에 대해 자기 권리와 이익, 곧 '자기 목소리'를 낼 수 있는 시대가 왔다는 찬사가 쏟아지고도 했고요.

공동체도 무너지고 개인도 사라지고

그런데 새로운 문제가 심각하게 불거졌습니다. 방금 말했듯이, 그렇게 해방된 개인이 돈과 이기적 욕망과 경쟁 중심으로 돌아가는 자본

주의 시스템의 '노예' 또는 '부속품'으로 전락한 겁니다.
한때 진보적이고 진취적인 의미를 지녔던 개인이
어쩌면 과거보다 더 무서운 체제의 덫에 갇혀 오염
되고 변질된 셈이라고나 할까요? 그리하여 이제 사
회와 개인의 연결고리는 아주 약해지거나 끊어지
게 되었습니다. 사회문제를 외면하고 '공적인 것'과
정치에 무관심한 사람이 차고 넘치게 되었습니다.
특히 더 많은 소유와 소비가 지상 목표가 되면서
대다수 사람은 자기 행복과 사적인 이익, 곧 개인
문제에만 몰두하게 되었습니다. 충분히 짐작할
수 있듯이, 이 모두 공동체 붕괴와 긴밀하게

맞물려 진행되었고 또 진행되고 있는 일이지요.

문제는 이렇게 근본적으로 변화한 세상에서 대다수 사람이 행복을 누리지 못한다는 점입니다. 자본주의의 급속한 확산과 짝짜꿍이 되어 경제성장, 물질의 풍요, 생활의 안락, 과학기술의 발전 등이 눈부시게 이루어졌지만, 이런 것들이 사람들에게 참 행복과 평화를 안겨 주지는 못했습니다. '개인의 시대'가 활짝 열렸다지만 알고 보니 그것의 실상은 살벌하고도 냉혹한 '자본의 시대'였던 거지요. 그래서 오늘날 각 개인은 자기 삶의 주인으로서 행복의 영토를 자율적으로 넓혀 가는 게 아니라, 오히려 자본주의가 끊임없이 만들어 내고 부추기는 물질적 욕망과 경쟁의 포로가 되고 말았습니다.

요컨대, 공동체도 무너지고 참된 개인도 사라진 것이 지금의 부인하기 어려운 현실입니다. 더구나 오늘날 우리는 삶의 위기, 인간의 위기, 사회의 위기가 서로 복합적으로 맞물려 돌아가는 거대한 '위기의 악순환 고리'에 갇혀 있습니다. 환경 위기, 에너지 위기, 자원 고갈, 테러와 전쟁 위기, 각종 위험과 재난의 증대 등이 대표적인 보기들이지요. 그 와중에 전 세계적으로 계속되는 경제 위기, 실업난, 양극화, 불평등, 민주주의 후퇴 같은 중대한 문제들도 개선될 낌새를 보이기는 커녕 갈수록 심각해지고 있습니다.

그렇습니다. 오래도록 우리는 경제가 성장하고 물질적으로 부유해지면 행복과 평화가 도래하리라고 믿었습니다. 과학기술의 발전이 온갖 문제를 다 해결해 주고 인간의 한계를 넘어서게 해 주리라고 기대했습니다. 그런데 웬걸, 정작 오늘 우리가 겪고 있는 현실은 그렇지 않습니다. 오히려 그 반대인 것 같습니다. 뭔가 크게 잘못된 거지요. 어딘가에서 깊게 어긋난 거지요. 그게 뭘까요? 거기가 어딜까요? 우리는 지금, 이제까지 우리가 살아온 방식과 우리가 만들어 온 세상을 뿌리에서부터 되돌아보고 새로운 돌파구를 찾아야 할 시점에 서 있습니다.

3 '더불어 숲'은 어디에?

뿌리내리지 못하는 '외딴섬'들

새로운 대안의 모색이 필요한 이유는 우리 사회 보통 사람들의 일상생활을 들여다보면 더욱 뚜렷해지고 절실해집니다.

요즘 사람들은 참 바쁩니다. 늘 조급하게 서두르고 뭔가에 쫓기듯 삽니다. 특히 도시에서 살아가는 사람들의 일상은 아침부터 밤늦게까지 정신없이 돌아갑니다. 그것도 수많은 사람과 건물과 자동차의 홍수 속에서 말입니다. 하지만 많은 사람으로 둘러싸여 있고 다양한 사람과 관계를 맺고 살면서도, 정작 이웃집에 누가 어떻게 사는지는 잘 알지도 못하고 별다른 관심도 없습니다. 내가 사는 마을이 어떤 곳인지에 대해서도 마찬가지고요.

도시생활을 상징하는 아파트가 대표적입니다. 다닥다닥 집들이 붙

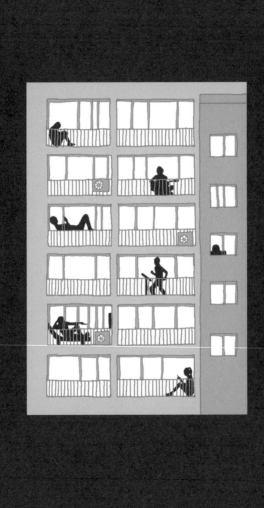

어 있고 사람들로 가득 찬 곳이 아파트입니다. 그곳에서 많은 사람은 현관문을 꼭꼭 잠그고 삽니다. 이웃은 말할 것도 없고 철저히 외부와 단절된 채 살아갑니다. 그러면서도 사람들은 편리함과 편안함을 느낍니다. 또 안전하다고 여깁니다. 다들 이런 생활에 길든 탓에 요즘은 이렇게 사는 게 당연하고도 정상적인 것처럼 여겨지기조차 합니다.

이렇게 오늘날 많은 사람이 '외딴섬'처럼 살아갑니다. 나무와 나무가 서로 기대고 어우러지면서 '더불어 숲'을 이루는 게 아니라, 마치 바람 부는 허허벌판에 덩그러니 홀로 서 있는 나무의 모습을 보는 느낌이라고 할까요? 그래서 자기가 늘 다니는 길만 알 뿐 '사람의 숲'이 이루는 전체 모습과 그 숲 곳곳에 난 수많은 오솔길은 잘 알지 못합니다. 그 길들이 어디서 어떻게 만나는지, 그리고 그 길들이 서로 마주치고 엇갈리면서 빚어내는 갖가지 삶의 관계와 사연들이 얼마나 풍성하고 재밌는지는 제대로 알지 못합니다.

많은 사람이 '장소'에 대한 감각을 잃어버리고 잊어버린 것은 그 당연한 결과입니다. 지금 내가 사는 곳에 대한 애정이나 관심, 소속감이 부족하다는 거지요. 어디 한곳에 깊이, 그리고 오래 뿌리내리지 못하고 정처 없이 흘러 다니는 것이 수많은 도시 사람이 살아가는 방식입니다. 이유가 무엇이든 이사를 자주 하는 게 이런 현실을 보여 주는 대표적인 모습입니다. 해마다 우리나라 전체 가구의 4분의1이 이사를 한다는 얘기가 나올 정도지요. 그만큼 여유롭고도 열린 마음으로 다른 사람과 더불어 살기가 구조적으로 힘든 게 오늘의 우리 현실입니다. 그러다 보니 개인주의와 이기주의를 추구하는 삶이 마치 정상적인 것처럼, 심지어는 바람직한 것처럼 굳어져 갑니다.

뭔가 잘못됐구나

왜 이렇게 됐을까요? 아마도 우리 사회의 산업화와 도시화, 경제성장이 세계적으로도 유례없이 초고속으로, 그리고 아주 압축적으로 진행된 탓이 가장 큰 듯합니다. 그 과정에서 수많은 사람이 고향을 떠나 시골에서 서울 같은 대도시로 몰려들었습니다. 하지만 성장과 개발에 매달려 앞만 보고 내달린 결과 우리 사회에는 물질을 신으로 섬기는 물신주의와 무조건 돈이 최고라는 황금만능주의가 깊이 뿌리내리게 되었습니다. 그러면서 이기심과 탐욕, 경쟁의식 같은 것들이 독버섯처럼 자라났고요. 이것이 세계 어디서든 현대사회에 널리 퍼진 모습이라는 건 앞에서도 살펴봤습니다. 하지만 우리 사회의 경우 그 정도가 유독 심하다는 것은 부인하기 어렵습니다.

그래서인지 우리는 평생에 걸쳐 너무 아등바등하며 삽니다. 먹고 사느라, 취직하느라, 취직하면 쫓겨나지 않으려고 애쓰느라, 자식들 교육시키느라, 성공하고 출세하려고 몸부림치느라, 오르는 전세금과 월세 마련하고 내 집 장만하느라, 망가진 건강 챙기느라, 늙어서는 어떻게 먹고살지 노후 걱정하고 준비하느라 늘 바쁘고 정신이 없지요. 여기에다 계속되는 경제난 속에서 양극화와 불평등이 갈수록 깊어지면서 미래에 대한 불안과 공포가 그칠 날이 없습니다. 그러니 현실에 대한 불만이 높아질 수밖에 없습니다. 그 와중에 냉소와 체념 같은 것들이 빠르게 퍼져 나가기도 하고요.

이런 상황 속에서 이제 사람들은 새롭게 느끼고 있습니다. 절실히 깨닫고 있습니다. 지금까지 살아온 방식이 뭔가 잘못됐구나, 이 세상 또한 뭔가 잘못 돌아가고 있구나 하는 걸 말입니다. 오늘날 많은 사람이 새로운 대안을 고민하게 된 데에는 이런 반성과 성찰이 바탕에 깔려 있습니다. 생각과 사는 방식을 바꾸지 않고서는, 지금과 같은 세상에 마냥 무기력하게 끌려다니기만 해서는 도무지 희망을 찾을 수 없다는 공감대가 널리 퍼지고 있다는 얘기지요.

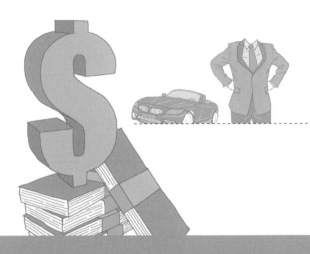

1 행복을 만나는 곳, 공동체

지금까지 공동체와 관련해 세계 차원에서 이루어진 거대한 변화의 흐름과 우리 사회 보통 사람들의 일상적인 삶의 모습을 살펴보았습니다. 그러면서 이제까지의 삶과 세상을 되돌아보면서 새로운 대안과 돌파구를 찾아야 할 필요성이 부쩍 커지고 있다는 점을 강조했습니다. 최근 들어 공동체가 급속히 떠오르게 된 배경에는 바로 이런 사정이 깔려 있습니다. 수많은 사람이 그 대안, 그 돌파구를 공동체에서 찾고 있다는 거지요.

그럼 이제, 지금까지의 얘기를 갈무리하면서 오늘날 공동체에 관심과 흥미를 느끼는 사람들, 공동체를 배우고 경험하려는 사람들, 자

공동체가
'뜨는' 이유는?

기 삶터와 일터에서 실제로 공동체를 일구거나 공동체 활동에 참여하는 사람들이 크게 늘어나고 있는 이유를 조금 더 구체적으로 살펴보지요. 이는 크게 두 가지로 간추릴 수 있습니다.

첫 번째는 '참된 행복 찾기'입니다. 즉, 진정한 행복을 찾고 누리는데 공동체가 큰 힘과 도움이 되리라는 겁니다.

이제 사람들은 물질의 풍요, 생활의 안락과 편리 같은 것들이 참된

• **특히** 우리나라는 공동체가 무너지는 속도가 아주 빨랐고, 그 양상 또한 무척 파괴적이었다. 경제성장과 근대화 과정 자체가 그랬던 탓이다. 이것을 잘 보여 주는 것이 '공동체 지수' 조사 결과다. 우리나라는 흔히 선진국 모임이라 불리는 경제협력개발기구(OECD) 34개 회원국 가운데 '공동체 지수'가 33위에 머물렀다. 꼴찌나 다름없다. 공동체 지수란 공동체 생활로 얼마나 위안과 만족을 얻고 자기 정체성을 높이는 데 도움을 받았는지를 수치로 나타낸 것을 말한다. 우리나라 사람들의 행복 지수가 매우 낮은 것 또한 이와 깊은 연관이 있다는 게 많은 전문가의 지적이다.

행복을 보장해 주지 않는다는 사실을 서서히 깨닫고 있습니다. 기본 생계조차 해결하기 어려운 비참한 가난의 굴레에서 벗어나는 것은 물론 크나큰 축복입니다. 문제는 돈의 논리, 돈의 힘으로 굴러가는 자본주의에 길들다 보니 물질에 대한 욕망이 한도 끝도 없이 무한정으로 커졌다는 점입니다. 아무리 채우고 또 채워도 결코 채워지지 않는 끝없는 갈증. 이것이 바로 물신주의, 황금만능주의, 경제성장 제일주의 같은 것들의 필연적인 운명입니다.

하지만 한번 곰곰이 생각해 보세요. 더 많이 가지고 더 많이 소비함으로써 행복해지려는 것은 결국은 서로 불행해지는 길, 모두가 지는 길이 아닐까요? 무한정한 욕망을 끝없이 채우려면 경쟁에서 끝없이 이겨야 하는데, 경쟁이란 것 자체가 끝이 없으니까요. 하나의 경쟁에서 이기면 반드시 또 다른 경쟁이 기다리고 있기 마련입니다. 서로가 서로를 갉아먹고 잡아먹는, 그래서 결국은 자기 자신을 망가뜨릴 수밖에 없는 끝없는 경쟁의 악순환이지요. 이 수렁에서 빠져나오지 못하면 사람은 행복해지기는커녕 황폐해질 수밖에 없습니다. 인간관계 또한 망가질 수밖에 없고요. 오늘날 겉으로는 휘황찬란한 풍요가 차고 넘치지만, 실제로는 삶의 의미와 가치를 찾을 수 없다는 탄식이 갈수록 높아지고, 외로움과 소외감과 두려움 등을 하소연하는 사람이 빠르게 늘어나는 이유가 여기에 있습니다.

공동체는 바로 이 틈새를 비집고서 떠오르고 있습니다. 끝없는 욕망과 경쟁의 악순환에 지친 사람들이 사회적 존재이자 공동체적 존

재라는 인간 본래의 모습을 되찾으려 한다는 얘기지요. 사람들 마음 속에 깊숙이 감추어져 있던 '원초적 본능'이 공동체를 디딤돌 삼아 기지개를 켜고 있는 겁니다.

그래서 이제 많은 사람이 새롭게 깨닫고 있습니다. 진정으로 행복하고 평화로운 삶, 껍데기가 아닌 내면이 충만하고 풍요로운 삶을 누리기 위해 필요한 것은 결국 물질이 아니라 '사람'이라는 것을 말입니다. 또한 경쟁이 아니라 사람 사이의 '관계'라는 것을 말입니다. 바로 공동체에서 만날 수 있고 얻을 수 있고 채울 수 있는 것이지요.

2 문제 해결의 지름길, 공동체

국가의 실패, 시장의 실패

두 번째는 '지혜로운 문제 해결책 찾기'입니다. 즉, 오늘날 우리가 살면서 부딪히는 수많은 문제와 생활상 필요를 해결하는 데 공동체가 큰 힘과 도움이 되리라는 겁니다.

우리가 일상생활에서 만나는 갖가지 문제와 필요를 해결해 줄 주체는 누구일까요? 국가일까요? 국가와 함께 세상을 이끌어 가는 두 가지 축 가운데 하나로 꼽히는 시장일까요? 국가는 권력과 통치 논리가 작용하는 곳입니다. 시장은 돈과 경제 논리가 작용하는 곳입니다. 둘 다 강력한 힘을 지니고 있지요. 하지만, 적어도 지금까지의 국가와 시장은 모두 '실패'했다는 것이 역사에서 증명된 사실입니다.

하나의 보기로, 사람이 살면서 가장 중요한 것 가운데 하나인 일자리 문제를 살펴볼까요? 이 문제를 국가, 곧 정부는 제대로 해결하지 못하고 있습니다. 그럴 능력이 없을뿐더러 의지도 약해 보입니다. 아래로 내려와 국민을 섬기고 절대다수 보통 사람들의 삶을 보살피며 '풀뿌리' 서민들의 절박한 처지를 헤아리기보다는 위에서 군림하며 국민을 통치와 지배의 대상으로 여기는 것이 지금의 국가이기 때문입니다.

그렇다고 시장이 해결해 줄까요? 그것도 아닙니다. 대표적인 예로, 우리나라의 거대 재벌 기업들은 아무리 돈을 많이 벌어도 갖가지 평계를 대면서 일자리를 별로 늘리지 않습니다. 이윤 극대화, 곧 돈을 최대한 많이 벌어들이는 것이 목적인 탓에 많은 돈을 움켜쥐고 있으면서도 일자리 만들기와 같이 사회적으로 소중한 일에 그 돈을 쓰는 데는 인색하지요. 가끔 그러는 척 시늉은 내지만 말입니다. 무엇보다, 사람을 존엄한 인격체나 온전한 생명체가 아니라 생산 활동에 필요한 노동력을 제공하는 도구이거나 상품을 팔 대상으로 여기는 것이 자본주의 시장 시스템의 본질이기도 하고요.

우리 스스로 힘을 모으는 게 해결책

그렇다면 어떻게 해야 할까요? 남에게 기댈 게 아니라 문제와 필요를 절실히 느끼는 사람들끼리 모이고 뭉쳐서 스스로 해결하면 되지 않을까요? 공동체의 힘과 장점이 발휘되는 게 바로 이 대목입니다. 풀어서 얘기하면, 우리 문제는 우리가 힘과 지혜를 모아서 스스로 해결하자, 우리 삶터를 우리 손으로 지키고 가꾸자, 우리 행복은 우리 스스로 일구어 나가자는 거지요. 가장 강력한 힘을 지닌 국가와 시장 모두 내 문제를 해결해 줄 수 없다는 걸 거듭 확인한 사람들이 새롭게 찾은 대안이 바로 공동체인 셈입니다.

다시, 일자리 문제를 살펴볼까요? 뒤에서 소개할 여러 마을 공동체나 협동조합 사례들을 들여다보면, 공동체가 일자리를 스스로 만들어 내는 경우를 자주 볼 수 있습니다. 이를테면, 공동체 활동이 활발한 마을에서는 마을 사람들이 힘을 합쳐 마을에 필요한 물품을 생산하거나 그런 활동을 펼치는 갖가지 회사, 가게, 조합, 시설 같은 걸 만들어 내곤 합니다. 카페, 식당, 반찬 가게, 마을회관, 문화센터, 목공소, 도서관, 생활협동조합, 어린이집, 공부방, 대안학교, 문화센터 같은 걸 예로 들 수 있지요. 마을이 처한 상황이나 조건에 따라 마을버스 회사, 카센터, 지역신문, 병원, 농산물 직매장, 작은 공장, 연구소 같은 것들을 세워 운영하기도 하고요.

규모가 크진 않더라도 이런 곳에서 일하는 사람들은 대체로 그 마을 사람들입니다. 마을에서 마을 사람들이 만들어 낸 일자리에 마을 사람들이 취직하여 마을을 위한 일을 합니다. 그야말로 마을 공동체와 마을 사람들 모두에게 두루 좋은 일이 아닐 수 없지요. 이 또한 뒤에서 살펴보겠지만, 협동조합은 그 자체로서 경제 공동체라고 할 수 있습니다. 그러니 스스로 일자리를 최대한 많이 만들어 내는 것이 핵심 활동이자 주요 임무 가운데 하나라는 건 두말할 필요도 없습니다.

일자리 문제는 하나의 보기일 뿐입니다. 육아, 교육, 복지, 먹거리, 문화, 의료 등을 비롯해 우리는 생활하면서 갖가지 문제에 부닥치게 되고 이를 어떻게든 해결해야 합니다. 그런데 국가도 시장도 그 누구도 내가 겪는 이런 문제들을 해결해 줄 수 없고 별다른 관심도 보이지 않습니다. 하지만 그렇다고 해서 나 혼자 해결할 수는 없습니다. 공동체의 필요성이 여기에 있습니다. 공동체의 위력이 발휘되는 것도 바로 이럴 때입니다. 혼자서는 못하는 일을 여럿이 모여 힘과 지혜를 합치면 해낼 수 있으니까요. 생활을 더불어 나누는 사람들, 가까운 곳에서 함께 사는 사람들, 뜻과 꿈과 관심사와 문제의식을 함께하는 사람들, 비슷한 일을 하는 사람들이 모여 공동체를 이루는 이유가 여기에 있습니다.

자, 요즘 공동체가 떠오르는 이유를 알아본 지금까지의 논의를 다시 한 번 정리하고 넘어가지요. 요약하면 이렇게 됩니다.

- 우리는 깊고 본질적인 차원에서 참된 삶의 행복과 평안을 누리고자 한다.
- 아울러 구체적이고 현실적인 차원에서 부닥치는 생활상 문제나 필요들도 해결해야 한다.
- 이 두 가지를 동시에 이루는 데 큰 힘과 도움이 되는 것이 바로 공동체다.

3 균형 잡힌 공동체 이해가 중요하다

정치·경제의 변화와 공동체 바람

공동체 움직임이 활발해지는 배경을 조금 다른 각도에서도 살펴볼 수 있습니다. 최근 정치와 경제 쪽에서 일어나는 변화가 그것입니다.

요즘 정치에서는 풀뿌리 민주주의, 생활정치, '작은 정치', 자치와 자율과 분권 같은 가치들이 부쩍 각광을 받고 있습니다. 오랫동안 거대 권력, 중앙 집중화된 제도권 정당, 보통 사람들과는 동떨어진 소수 정치 엘리트들이 쥐락펴락하던 기존 정치가 수많은 한계와 문제를 드러내면서 나타난 현상이지요. 경제 쪽도 크게 다르지 않습니다. 기존 경제는 거대 기업, 양적인 성장, 생산성과 효율성, 맹목적인 돈벌이 같은 것들을 신주단지 모시듯 일방적으로 떠받들었습니다. 이에 견주어 요즘은 경제 민주화, 삶의 질, 분배, 공유, 나눔, 기업의 사회적 책임 등을 강조하는 경향이 갈수록 뚜렷하게 나타나고 있습니다.

여기서 짚어 볼 대목은, 이런 변화의 흐름에 담긴 문제의식이나 가치가 공동체가 추구하는 그것과 비슷한 게 많다는 점입니다. 풀뿌리 자치, 생활정치, 경제 민주화, 공유, 나눔 같은 것들이 특히 그러하지요. 결국, 정치와 경제를 비롯해 사회 전체적으로 이루어지고 있는 시대 변화의 큰 흐름을 타고 오늘날 공동체가 새로운 대안과 희망으로 떠오르고 있는 겁니다.

이렇게 보면 공동체는 사라진 과거의 유물도 아니고 흘러간 추억

거리도 아니라는 것을 잘 알 수 있습니다. '지금 여기'에서 다시 찾고 새롭게 만들어 가야 할 아주 현실적인 과제이자 목표라고 할 수 있지요. 그래서 공동체가 할 수 있는 일, 해야 할 일은 지금도 많고 앞으로는 더욱 많아질 것입니다. 그만큼 공동체에는 세상과 삶을 바꿀 수 있는 힘과 가능성, 그리고 매력이 다채롭게 담겨 있습니다.

이어지는 2부와 3부에서 마을 공동체와 협동조합을 집중적으로 다룬 가장 중요한 이유가 여기에 있습니다. 이 두 공동체는 수많은 공동체 가운데서도 최근 떠오르고 있는 공동체 움직임의 대표주자라고 할 수 있습니다. 가장 활력과 생기가 넘치는, 달리 말하면 세상과 삶을 바꿀 공동체의 힘과 가능성과 매력을 가장 도드라지게 보여 주는 것이 이 두 공동체라는 얘기지요. 앞에서 간략하게 언급했듯이, 한마디로 마을 공동체는 생활 공동체라 할 수 있고, 협동조합은 경제 공동체라 할 수 있습니다. 생활과 경제는 사람이 살아가는 데 가장 근원적이고 필수적인 영역입니다. 그러니 이런 영역을 포괄하는 공동체가

• 이와 관련해, 지금 공동체를 강조하는 것은 공동체 중심의 옛 전통사회로 다시 되돌아가자는 얘기가 결코 아니라는 점을 확인해 둘 필요가 있다. 물론 전통사회 공동체는 다양한 장점과 미덕을 갖추고 있었다. 이어받고 되살려야 할 것들이 적지 않다. 하지만 전통사회 공동체는 철저한 신분 제도와 위계질서 따위로 상징되는 봉건적 사회구조 아래서 많은 사람을 억압하고 통제하고 차별하는 굴레로 기능하기도 했다. 지배계급의 노골적인 착취가 자행되는 곳이기도 했고, 특히 그 안에서 개인의 다양성과 개성을 꽃피우기는 아주 힘들었다. 지금 우리가 이루고자 하는 공동체가 이런 곳이 아님은 두말할 필요도 없다. 우리는 근현대 역사를 통과하면서 몸속 깊숙이 자유와 민주주의의 유전자가 아로새겨진 사람들이기 때문이다.

가장 중요한 의미를 지니고, 실제 공동체 활동에서도 가장 활발한 움직임을 보이는 것은 당연한 일이지요. 그래서 이 두 공동체를 살펴보면 오늘날 공동체 전반의 핵심 윤곽과 흐름, 그리고 거기에 담긴 의미를 보다 손쉽게 파악할 수 있습니다.

막연한 환상과 기대는 경계해야

하지만 잊지 말아야 할 것이 있습니다. 공동체는 '만병통치약'도 아니고 '요술 지팡이'도 아니며 '천국'도 아니라는 사실이 그것입니다. 공동체만 많아지고 여기저기서 공동체가 활발하게 움직인다고만 해서이 세상이 그리 쉽게 '좋은 곳'으로 바뀌는 건 아닙니다. 공동체는 결코 완전한 곳이 아닙니다. 공동체를 꾸리고 공동체 활동에 열심히 참여한다고 해서 자동적으로 행복해지는 건 아닙니다. 마냥 좋고 명랑하기만 한 것도 아니고요. 어차피 공동체도 서로 다른 사람들이 모여부대끼며 살아가는 곳이긴 마찬가지니까요.

그래서 공동체에 대해 지나치게 막연한 환상이나 낭만적이고 관념적인 기대를 품는 것은 현명한 일이 아닙니다. 공동체를 무작정 찬양하는 것도, 덮어놓고 비판하기만 하는 것도 모두 어리석은 일이지요. 공동체에는 '빛'과 '그늘'이 동시에 존재합니다. 그러므로 이 두 측면을 종합적으로 볼 줄 아는 균형 잡힌 안목을 갖추어야 합니다. 이것은 공동체의 보다 건강하고 제대로 된 발전을 위해서도 꼭 필요한 일입니다.

바로 이 공동체의 '그늘', 곧 공동체가 안고 있는 여러 한계와 문제점과 약점 등을 상세하게 짚어 보고, 공동체를 향해 제기되는 여러 의문과 비판을 정리해서 검토한 것이 이 책 4부 〈공동체를 바라보는 다양한 시선들〉입니다. 아울러 4부에서는 공동체가 여러분과 동떨어진 것이 아니라 여러분 가까이에 있다는 것, 다시 말하면 여러분의 삶과도 깊은 관계가 있다는 것을 확인하는 동시에, 여러분이 실천할 수 있는 공동체 활동으로는 무엇이 있을지도 살피고 있습니다. 그래서 책을 끝까지 다 읽어 본다면 공동체를 보다 객관적이고 정확하게 이해하는 것은 물론 '아, 공동체란 게 내 문제이기도 하구나' 하는 것을 새롭게 깨닫게 될 것입니다.

사람이 만든 게 도시이지만 오늘날 도시에는 '사람'이 없습니다. 도시의 주인은 건물, 아파트, 공장, 상가, 자동차, 도로 따위인 것 같습니다. 사람은 도시를 가득 채운 거대한 인공 구조물들 속에서 보잘것없는 기계 부속품처럼 여겨집니다. 이런 도시에 우리나라 사람 대다수가 살고 있습니다. 이제 이런 도시를 바꾸어야 합니다. 도시에서의 삶 또한 바꾸어 나가야 합니다. 이런 일을 누가 할 수 있을까요?

2부

마을이
세계를 구하리라

1 '마을'과 '마을 공동체'는 다르다

행정구역은 공동체가 아니다

마을은 여러 공동체 가운데서도 가장 우뚝한 의미를 지닙니다. 자기가 사는 곳이 마을인 만큼 평범한 보통 사람도 얼마든지 일상생활에서 손쉽게 참여할 수 있으니까요. 또 실제로도 공동체 활동이 가장 활발하게 이루어지는 곳이 마을 공동체입니다. 이런 마을 공동체가 최근 들어 더욱 특별한 주목과 관심을 받고 있습니다. 공동체가 짧은 기간에 치명적으로 망가진 우리나라에서도 전국 곳곳, 도시 여기저기서 마을 공동체 운동이 빠르게 퍼져 나가고 있습니다.

　사실 따지고 보면 우리 모두는 마을에서 살아갑니다. 아주 간단하

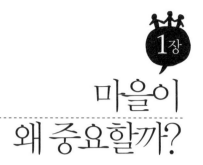

마을이
왜 중요할까?

게 생각하면 그냥 사람들이 가까이 모여 사는 곳을 마을이라 할 수도 있으니까요. 하지만 마을이라고 해도 다 같은 마을은 아닙니다. 예를 들어 사람이 아주 빽빽하게 모여 사는 도시라는 공간을 한번 볼까요? 서울시에는 행정구역 단위로서 동(洞)이 모두 424개나 있고, 한 동의 평균 인구가 2만 4000명에 이릅니다. 이 정도 인구는 농촌 지역이라면 거의 도시 규모라고 해도 지나친 말이 아닙니다.

진정한 마을이란 사람들이 친밀한 인간관계를 맺고서 살아가는 곳입니다. 그렇다면 도시처럼 어지럽고 복잡한 곳에서 수만 명 규모의 사람들이 서로 친밀하게 알고 지내기란 거의 불가능하다고 봐야 합니다. 그저 물리적으로 가까운 곳에 모여 산다는 조건만으로는 마을 공동체를 이루기 어려운 까닭이지요.

그래서 마을 공동체를 얘기할 때 시·군·구(市郡區)나 읍·면·동(邑面洞) 같은 행정구역은 그다지 중요하지 않습니다. 예를 들어 서울시 영등포구 당산동에 사는 사람이 있다고 해 봅시다. 만약 이곳에 마을 공동체가 형성돼 있다고 전제할 때 이 사람이 느끼는 마을 공동체가 영등포구나 당산동이라는 행정구역과 직접적인 관계가 있을까요? 물론 그럴 수도 있습니다. 하지만 현실에서는 대체로 그렇지 않습니다. 무엇보다 마을이나 마을 공동체의 본래 뜻이 행정구역과는 거리가 멉니다. 행정구역이란 것 자체가 국가가 국민을 통치하는 데 필요한 행정이나 정책 편의에 따라 정해질 때가 많으니까요.

마을 공동체의 참뜻

중요한 것은, 사람들이 생활에서 서로 맺어지고 교류하는 '관계망'이 어떤 범위에서 어떤 방식과 형태로 이루어지는가, 그리고 사람들의 다양한 일과 행위가 어떤 흐름 속에서 어느 방향으로 일어나는가 하는 점입니다. 그러므로 마을 공동체란 그저 자연적으로 주어지는 것이 아닙니다. 의식적으로 만들어 가는 것이지요. 구성원들이 공동의 필요와 욕구에 따라 공동의 목적과 가치를 공유하면서 함께 의도적으로 만들어 가는 것이 마을 공동체입니다. 그렇게 서로 참여와 연대와 협동을 이끌어 내고 일구어 나가는 것이 마을 공동체입니다. 설사 가까이 모여 산다는 뜻에서 물리적 장소 또는 지리적 영역을 바탕으로 하더라도 말입니다.

∴ 우리나라의 전통 가옥과 정신문화를 보존하고 있어 민속문화재로 보호받는
안동 하회마을의 정경. 앞에서 말한 집성촌의 대표적 예로서 생활과 문화 공유지라는 특성을
갖고 있는 마을의 한 전형이지만, 그것이 마을 공동체와 동일한 것은 아니다.

이와 관련해 마을 공동체가 이루어지기에 적절한 인구 규모는 보
통 수백 명 정도가 가장 바람직하다고들 흔히 얘기합니다. 공동체적
관계를 온전히 맺고 공동체 활동을 내실 있게 펼치기에 이 정도 규모
가 적당하지 않겠느냐는 거지요. 물론 이것이 절대적 기준이 아니라
는 건 두말할 필요도 없습니다. 일종의 규범적이고 원칙적인 기준일
뿐 현실에서는 얼마든지 달라질 수 있지요. 실제로는 수십 명 정도가
옹기종기 모여 사는 작은 곳도 있고, 수천 명 규모의 제법 큰 곳도 얼
마든지 있습니다. 특히 사람들이 빽빽하게 모여 사는 아파트 단지 같

은 데서 마을 공동체가 만들어진다면 자연스럽게 인구 규모가 커질 수밖에 없겠지요. 하지만 어떻든 사람 수가 수천 명에서 만 명 단위를 넘어서거나 한다면 제대로 된 마을 공동체를 꾸리기는 아무래도 힘들지 않겠느냐는 얘기들을 많이 하는 편입니다.

여기서 확인하고 넘어갈 것은, 마을과 마을 공동체를 구분할 필요가 있다는 점입니다. 물론 마을도 넓은 의미로 보면 그 자체로서 공동체라고 할 수도 있습니다. 이런 마을은 자연스럽게 형성되는 것, 그냥 주어지는 것에 가깝지요. 하지만 이렇게만 보면 전국이 마을 공동체로 뒤덮여 있는 셈이 됩니다. 사람이 모여 사는 곳치고 마을 아닌 곳은 없으니까요.

이에 견주어 이 책에서 말하는 마을 '공동체'는 마을 사람들이 힘과 뜻을 모아 제대로 된 공동체에 대한 꿈을 품고서 의식적으로 만들어 가는 것을 뜻합니다. 마을은 본래부터 있었지만 그 마을을 마을 사람들이 함께 노력함으로써 질적으로 새로운 삶터로 발전시켜 나가는 과정에서 이윽고 가닿게 되는 곳이 곧 마을 공동체라는 얘기지요. 요컨대, 이 책에서 주목한 마을 공동체의 일차적인 토대는 '장소' 또는 '공간'이라 하더라도, 가장 중요한 본질은 그곳에서 이루어지는 '관계'와 그 관계를 만들어 가는 '과정'이라고 할 수 있습니다.

2 도시를 바꾸는 주역, 마을 공동체

이런 마을 공동체가 특히 절실하게 필요한 곳은 도시입니다. 이웃과 친하게 지내지 않고 주변 사람들과 깊은 관계를 맺지 않고서도 별다른 불편이나 아쉬움 없이 살아갈 수 있는 게 도시라는 공간입니다. 도시에서 익명성이 도드라지는 까닭이지요. 도시 시스템은 이름 없는 개인으로 사는 것, 홀로 살고 제각각 따로 노는 것을 오히려 편리하고 편안하게 느끼게끔 해 줍니다. 물건을 사든 무엇을 하든 생활에 필요한 모든 것은 돈만 있으면 깔끔하고 완벽하게 해결되지요. 그렇게 해서 도시는 차갑고 메마른 익명의 그늘 아래 모래알같이 흩어진 수많은 개인을 거느린 채 피둥피둥 확장과 팽창을 계속해 갑니다.

그래서일까요? 사람이 만든 게 도시이지만 오늘날 도시에는 '사람'이 없습니다. 도시의 주인은 건물, 아파트, 공장, 상가, 자동차, 도로 따위인 것 같습니다. 사람은 도시를 가득 채운 거대한 인공 구조물들 속에서 보잘것없는 기계 부속품처럼 여겨집니다. 더군다나 대량생산, 대량소비, 대량폐기가 가장 극심하게 이루어지는 곳이 도시입니다. 자연환경이 지탱할 수 있는 생태적 한계 용량을 넘어선 지 이미 오래지요. 자연과 생명, 무엇보다 사람을 망가뜨리는 이런 도시는 지속 가능하지 못합니다.

이런 도시에 우리나라 사람 대다수가 살고 있습니다. 우리나라 도시 지역 인구 비율은 1970년만 해도 50퍼센트에 지나지 않았습니다.

그러던 것이 1990년에 80퍼센트를 넘더니 2012년부터는 무려 90퍼센트를 훌쩍 넘어서게 되었습니다. 이제 이런 도시를 바꾸어야 합니다. 도시에서의 삶 또한 바꾸어 나가야 합니다.

이런 일을 누가 할 수 있을까요? 바로 마을 공동체입니다. 실제로 오늘날 도시의 탈바꿈과 거듭남을 이끌고 있는 주역 가운데 하나가 마을 공동체입니다. 앞에서도 말했듯이 문제 해결책은 사람한테서 나옵니다. 도시를 바꾸는 일에서 가장 중요한 것은 자기가 사는 곳, 아이들이 자라고 식구들이 함께 생활하는 곳, 곧 한 마을에서 더불어 살아가는 사람들입니다. 일상의 필요와 욕구가 끊임없이 드러나고 맞부딪히

는 나날의 생활에서 우러나는 고민과 꿈을 함께 나눌 수 있는 사이가 이웃이니까요. 바로 이렇게 해서 태어나는 것이 마을 공동체입니다.

최근 들어 서울을 비롯해 도시 곳곳에서 이런 마을 공동체 움직임이 활발합니다. 마을에서 품앗이로 아이들을 함께 키웁니다. 건강하고 안전한 먹거리를 마을에서 함께 구합니다. 일거리나 일자리를 마을에서 함께 만들어 나눕니다. 문화 활동이나 취미 생활을 이웃 사람들과 함께 즐깁니다. 마을 사람들이 어울릴 작은 도서관이나 마을 카페를 마을 안에 함께 만듭니다. 이런 다양한 활동이 어우러지면서 마을이라는 일상의 생활 터전이 공동체의 산실이 되고 있는 겁니다.

• **그래서** 인류 역사에 큰 발자국을 남긴 사람들 가운데 많은 이가 마을의 중요함과 소중함을 강조했다. 대표적인 두 사람만 소개하면 다음과 같다. 러시아 작가 톨스토이는 이렇게 말했다. "만약 당신이 우주가 되고자 한다면 당신의 마을을 노래하라. 이는 문학에서도 진리이고 음악에서도 진리다. 그리고 도시에서도 역시 진리다. 당신은 당신의 마을을 알아야만 하고 사랑해야 한다." 인도의 정신적 스승이자 사상가인 마하트마 간디는 이런 말을 남겼다. "마을이 세계를 구할 것입니다. 인간의 이기심과 영적 가난을 극복하는 것은 물론 인류가 앞으로 나아가기 위해서는 마을에 초점을 맞춰야 합니다. 인간의 자주적이고 독립적인 능력을 키워 스스로 살아갈 수 있도록 해 주는 게 마을입니다. 70만 곳의 마을을 가진 인도에서 마을이 없어지면 인도의 미래는 없을 것입니다."

그렇게 마을 공동체를 일구면서 많은 사람이 새로운 삶을 맛보고 있습니다. 개인의 삶을 넘어 마을을 바꾸고 지역을 바꾸고 도시를 바꾸고 있습니다. 이어질 다양한 공동체 현장 이야기에서 여러분은 이런 사실을 보다 생생하고도 구체적으로 확인하게 될 것입니다.

마을 공동체의 세 가지 의미

필요한 것은 마을 공동체가 중요하다고 말로만 떠드는 게 아니라 마을 공동체가 왜 중요한지를 정확하게 이해하는 일이다. 이런 뜻에서 마을 공동체를 연구하거나 마을 공동체 운동을 벌이는 사람들이 공통적으로 얘기하는 마을 공동체의 의미를 몇 가지로 요약하면 다음과 같다.

첫째, 마을 공동체는 생활 공동체로서 서로 돕고 의지하는 상호부조와 연대가 가장 잘 이루어지는 구체적인 삶의 공간이다. 마을 공동체는 출산, 육아, 실직, 노후 등과 같이 누구나 살면서 부딪히는 중요한 문제들을 해결하기에 적합하다. 이런 문제들의 해결을 가족에게만 몽땅 떠넘기지 않고, 또 그렇다고 해서 국가에서 내려오는 시혜적 조치에 모든 걸 기대지 않도록 해 줄 수 있는 것이 마을 공동체다. 마을 공동체 구성원들은 힘을 합쳐 공동으로 아이들을 키우거나 노인, 장애인 같은 사회적 약자를 돌볼 수 있다. 마을에서 작은 협동조합이나 마을기업 같은 걸 만들어 새로운 일자리를 만들어 낼 수도 있다. 마을 공동체는 이처럼 서로 돕고 협동하고 연대하고 배려하는 생활을 실천하게 해 준다. 마을과 이웃의 일에 함께 참여하는 경험을 제공하는 생생한 삶의 배움터가 곧 마을 공동체다.

둘째, 마을 공동체는 주민들의 풀뿌리 자치가 이루어지는 민주주의 실천 공간이다. 흔히 요즘 시대 흐름을 다원화와 분권화라고 표현한다. 다양하게 분화된 사회, 권력이 중앙에 집중되는 게 아니라 여러 곳으로 나누어지는 사회가 민주주의 실현에 걸맞다는 얘기다. 마을 공동체는 이미 완성된 것으로 주어지는 것이 아니다. 주민들 스스로 자기들의 필요와 욕구를 채워 가고 자기 지역의 문제를 해결해 가는 과정에서 역동적으로 형성되는 것이 마을 공동체다. 바로 이런 과정이야말로 민주주의의 실질적 바탕으로서 지역 자치와 주민 자치를 일구어 가는 길이다. 스스로의 힘으로 굳게 서는 것, 사회적으로 연대하고 협동하는 것, 공동의 문제를 여럿이 모여 함께 토의하고 해결해 나가는 것은 그 자체로서 민주주의를 삶에서 실천하는 길이기도 하다. 마을 공동체의 민주주의와 내 삶의 민주주의가 한 몸을 이루는 것이다. 마을 공동체는 아주 훌륭한 민주주의 학교다.

셋째, 마을 공동체는 새로운 경제 질서와 문화가 꽃피는 대안의 경제 공간이다. 대부분 마을 공동체는 인간과 사회와 자연을 고루 중시하는 경제를 이루고자 한다. 경쟁과 효율과 속도를 앞세우지 않는다. 더불어 잘살고 모두가 골고루 나누는 경제를 이루고자 한다. 마을 공동체 경제에서 협동조합과 마을기업 같은 것들을 유난히 강조하는 이유가 여기에 있다. 협동조합이나 마을기업 등에 대한 이야기는 공동체 전체 논의에서도 아주 중요한 대목인데, 이에 관한 이야기는 3부 〈새로운 미래의 열쇠, 협동조합〉에서 본격적으로 펼쳐질 것이다.

1 공동체 운동의 길을 여는 성미산 마을

사람 냄새 물씬 풍기는 곳

서울 하면 여러분은 무엇이 먼저 떠오르나요? 즐비하게 늘어선 아파트와 높은 건물들, 자동차로 가득 찬 도로, 사람들로 붐비는 거리, 콩나물시루 같은 출퇴근길 지하철, 어딜 가나 피할 수 없는 소음과 매연, 하루 24시간 꺼질 줄 모르는 휘황한 불빛들…, 대체로 이런 것들이 아닐까요?

그런데 이런 거대 도시 한복판에 진짜 '마을다운 마을'이 있습니다. 삭막한 잿빛 도시 한가운데서도 이웃 사이에 온기가 흐르고 사람 냄새를 물씬 풍기는 마을이 있습니다. 여기선 마을 사람들이 아이들을

2장

서울 한복판에 이런 곳이?

함께 키우고, 반찬을 함께 만들어 나눕니다. 갖가지 취미생활을 끼리 끼리 모여 함께 즐깁니다. 정기적으로 마을 축제를 열고, 동네 사랑방 구실을 하는 카페에 모여 웃고 떠들며 서로 고민을 나누기도 하고요. 마을 사람들이 직접 세운 학교에서 마을 사람이 학생들을 가르치기도 하고, 여러 가구가 집을 함께 지어 같이 모여 살기도 합니다. 마을 카페는 물론 마을 식당, 마을 가게, 마을 극장, 마을 방송국, 마을 회사, 마을 공장, 마을금고도 있고, 생활협동조합(생협)도 있습니다.

주목할 것은 이 모두 마을 사람들이 직접 만들었고 또 직접 운영하는 것들이라는 점입니다. 그렇게 이곳 사람들은 일상생활에서 늘 서로 어울리고 나눕니다. 서로 돕고 의지합니다. 함께 모여 먹고 마시고 놉니다. 그러다 함께 의기투합해서 뚝딱뚝딱 무슨 일을 새롭게 벌이

기도 합니다.

여기가 어디냐고요? 바로 성미산 마을입니다. 성미산 마을은 서울 마포구에 있는 성미산 자락에 자리 잡고 있습니다. 주로 성산동 일대를 일컫지요. 하지만 수많은 사람이 공동체 정신과 마을 만들기 방법을 배우겠다며 들르는 곳임에도, 이곳에 분명하게 경계가 그어진 별도의 마을이 있는 건 아닙니다. 행정구역으로 뚜렷이 어디부터 어디까지가 성미산 마을이라고 딱히 구분되는 것도 아니어서 다른 동네와 잘 구별되지도 않지요. 이처럼 성미산 마을은 구역도, 주민 수도 명확하지 않습니다. 하지만 이 마을은 뜻과 마음을 함께하는 수백 가구가 서로 모여 공통의 가치를 지향하면서, 우리나라 마을 공동체 운동의 길을 선구적으로 열어 가고 있습니다.

성미산 마을의 역사

성미산 마을은 1994년 서울 마포구 연남동에서 문을 연 우리나라 최초의 공동육아 협동조합인 '우리어린이집'에서 시작됐습니다. 당시 학부모들은 아이들을 함께 키우면서 의견 충돌이나 갈등도 많이 겪었지만, 그 덕분에 대화와 토론 또한 끊임없이 계속됐습니다. 그러면서 결국 내 아이만이 아니라 남의 아이도 함께 훌륭하게 키워야 한다는 의무감과 책임감을 모두가 절실히 느끼게 되었습니다.

그러는 과정에서 그들은 관계가 갈수록 깊어졌습니다. 그것은 생활 속에서 민주주의를 익히고, 자치와 협동 정신을 배워 가는 과정이기도 했습니다. 어린이집을 다니던 아이들이 점차 자라면서 교육에 대한 고민은 계속됐습니다. 그 결과 1999년에는 방과 후 학교를, 2004년에는 초중고 통합 과정 대안학교인 성미산학교를 각각 세웠습니다. 모두 마을 사람들이 오랜 고민과 토론 끝에 스스로 돈을 내고 힘과 지혜를 모아 직접 이루어 낸 성과지요. 그러면서 하나씩 둘씩 함께하는 사람이 점차 늘어났습니다. 대화와 토론 주제도 자녀 교육이나 어린이집에만 머물지 않고 우리 마을을 멋있는 공동체로 바꿔 나가자는 쪽으로 깊어져 갔습니다.

그러던 차에 마을 사람들을 하나로 묶어 주는 결정적인 일이 벌어졌습니다. 이른바 '성미산 싸움'이라 불리는 사건이 바로 그것입니다. 2001년에서 2003년 사이에 서울시는 성미산 꼭대기 부근에 대규모 배수지(물을 여러 곳으로 보내기 위해 모아 두는 곳)를 지으려고 했습니다. 마을 주민들이 언제든 놀러 가고 휴식을 취하고 함께 어울리던 공간이 개발로 파괴될 위험에 처한 거지요. 이에 주민들은 하나로 뭉쳐 소중한 삶터를 위협하는 일방적인 개발 사업에 맞서 3년 동안이나 끈질기게 싸웠습니다. 힘겨운 싸움이었지만 결국 서울시는 개발 계획을 포기했습니다. 주민들의 승리였지요.

이 과정에서 마을 사람들은 자기 삶에 닥친 문제를 스스로 결정하는 자치와 그것을 이루기 위한 연대와 협동, 그리고 더불어 살아가는 '마을'의 가치가 얼마나 소중한지를 깊이 깨달았습니다. 마을 사람들은 3년에 걸쳐 집안 살림을 제쳐 두고서라도 밤낮 없이 '성미산 지킴

이'로 나섰습니다. 삶터에 대한 애정과 이웃에 대한 믿음이 더욱 탄탄
해진 것은 그 당연한 결과지요. 그러면서 자연스럽게 이곳은 '마을 공
동체'로서의 모습을 보다 본격적으로 갖추어 나가게 됩니다.

주민들은 스스로 사람을 모아 조직하고, 돈을 마련했습니다. 뭔가
를 계속 만들고, 그것을 공동으로 운영해 나갔습니다. 그들은 공통의
필요와 욕구, 공통의 관심사, 공동으로 해결해야 할 문제가 있다는 게
확인되면 함께 힘을 합쳐 실천으로 옮겼습니다. 그리고 크든 작든 구
체적인 성과를 일구어 내려고 애썼습니다. 앞에서 열거한 이 마을의
갖가지 '재산들'과 활동들이 다 이런 과정을 거쳐서 나왔지요.

자 그럼, 이 마을 사람들이 어떻게 사는지, 무슨 활동을 어떻게 벌
이는지, 어떤 생각과 꿈을 품고 있는지를 조금 더 자세히 들여다볼까

∴ 서울시의 개발 계획에 맞서
3년에 걸쳐 진행된
'성미산 싸움'으로
성미산 마을 주민들은
공동체 정신을 몸소 체험하고
이를 바탕으로
성미산 마을이라는
탄탄한 마을 공동체를
만들어 나갔다.

요? 이는 곧 마을 공동체가 어떻게 유지되고 발전하는지를 확인하는
작업이기도 합니다.

2 한 아이를 키우려면 마을 하나가 필요하다

먼저 교육 쪽을 살펴보지요. 성미산 마을이 공동육아 어린이집에서
첫 발걸음을 뗀 데서 보듯이 이곳에서 교육은 공동체를 이루는 데 큰
구실을 했습니다. 오늘날 교육 측면에서 성미산 마을의 특성과 지향
을 오롯이 보여 주는 건 대안학교인 성미산학교입니다.

2004년 9월에 문을 연 성미산학교는 한마디로 학생, 교사, 학부모
가 모두 동료가 되어 이끌어 가는 교육 공동체라고 할 수 있습니다.
특히 주로 학부모인 마을 사람들의 활약이 대단합니다. 이들은 학교
운영에 필요한 재정의 거의 전부를 부담할 뿐만 아니라 학교 운영과
아이들 교육 활동에도 열심히 참여합니다. 직접 자기 전공이나 분야
에 맞추어 아이들을 가르치기도 하고, 학생들 야외 활동에 교사 도우
미로 참여하기도 합니다.

주목할 것은 이 학교가 마을 전체를 배움터로 삼는다는 점입니다.
여기 학생들은 학교 안에 갇히지 않습니다. 학교 울타리를 뛰어넘어
마을을 배우고 공부하지요. 일반 교사뿐만 아니라 마을 주민과 학부
모도 동등하게 교사 노릇을 합니다. 그러면서 여기 아이들은 '나(와

내 가족)'를 넘어 '우리'를 경험하게 됩니다. 나 혼자 공부 잘해서 성공하고 출세하는 게 아니라 동무들, 주변 사람들과 더불어 즐겁고 행복해지는 삶의 소중함을 깨닫게 됩니다. 또한 자기 삶의 바탕인 마을이라는 구체적인 장소에 대한 감각과 정서를 터득하게 됩니다. 마을 전체가 배움터이니 일상생활에서 삶의 이치와 지식을 자연스레 익히게도 되고요.

나아가, 마을에서 벌어지는 일들에 관여하고 또 참여하면서 아직 나이가 어려도 세상을 위해 할 일이 있다는 것을 배웁니다. 실제로 세상을 바꾸는 데 이바지하는 경험도 쌓게 됩니다. 성미산 지키기 싸움이 좋은 보기입니다. 당시 아이들이 싸움에 참여하는 것을 놓고 '어른들이 아이들을 정치적인 목적에 동원하는 것 아니냐?'라는 문제제기도 있었다고 합니다. 하지만 토론 끝에 아이들도 자기들 삶과 관련된 일을 결정하는 데 참여할 권리가 있다는 쪽으로 결론을 내렸다고 합니다. 실제로 아이들에게 성미산은 놀이터이자 운동장이자 학습장이기도 했으니까요.

그러면서 여기 아이들은 '공적인 일'에 눈을 뜨게 됩니다. 자기 권리를 지키는 일의 소중함도 깨닫게 됩니다. 누가 시켜서가 아니라 스스로 민주주의와 정의를 학습하게 되는 거지요. 살아 있는 교육이 이루어지는 셈입니다. 이처럼 여기 아이들은 어른들이 이미 만들어 놓은 마을에 그냥 '얹혀' 사는 게 아닙니다. 직접 마을을 만들어 가는 어엿한 주체로 성장하게 됩니다. 자기 삶터의 주인이 되는 거지요.

사실 돌이켜 보면, 근대에 들어 제도권 학교가 교육을 독점하기 전까지 배움과 일과 놀이가 통합적으로 이루어지던 장소가 바로 마을이었습니다. 마을 사람들이 교사였고, 마을 자체가 학교였습니다. 마을 속에서, 마을 사람들과 함께 이루어지는 돌봄과 가르침의 선순환.

∴ 성미산 마을 아이들에게는 학교 밖 자연이 삶과 '우리'를 배우는 진정한 배움터다.

한때 교육이란 이런 것이었습니다.* 물론, 요즘 같은 시대에 옛날 마을에서 이루어지던 교육만으로 아이들에게 필요한 것들을 충분히 제공할 수 없다는 것은 두말할 나위도 없겠지요. 하지만 성미산 마을과 성미산학교는 새삼 일깨워 줍니다. 건강한 마을과 마을 공동체가 우리 교육의 훌륭한 대안 가운데 하나라는 것을 말입니다. 그리고 '한 아이를 키우려면 마을 하나가 있어야 한다'는 오래된 지혜를 말입니다.

배우는 사람이 삶의 주체로 설 수 있도록 하는 교육. 삶 가운데서, 삶을 통해 이루어지는 배움. 이것을 할 수 있는 게 마을이요 마을 공동체입니다.

3 몇 그루 나무가 울창한 숲을 이루는 법

소박한 일 공동체가 어엿한 마을기업으로

그런데 이곳 사람들은 이런 쉽지 않은 일들을 어떻게 벌여 나갈까요? 무슨 특별한 비법이라도 있는 걸까요? 가만히 들여다보면 꼭 그런 것만은 아닌 듯합니다. 성미산 마을에서 이루어진 몇몇 활동 사례를 살

• **이런** 교육에서 아이들은 동무들과 놀면서, 어른들을 따라다니면서 삶의 기술과 일하는 법을 배웠다. 또한 아이들은 여러 세대가 함께 모여 사는 대가족 제도 아래서, 마을 어른들이나 동무들과의 관계 속에서, 세상 살아가는 이치를 익혔다. 그러면서 사람 사이에 지켜야 할 예의, 관계 맺는 법, 서로 돕고 협력하고 어울리는 법, 양보하고 타협하는 법 같은 삶의 지혜를 자연스럽게 터득했다. 동시에 계절이 바뀌고 뭇 생명이 살아가는 모습을 보면서 대자연의 섭리와 흙의 가치와 생태적 감수성을 깨쳤다.

펴보면 공동체에서 어떤 일을 꾸려 가는 게 그다지 어렵거나 유별나지 않다는 걸 잘 알 수 있습니다.

예를 들어 성미산 마을에는 2002년에 문을 연 '동네부엌'이라는 반찬가게가 있습니다. 그런데 이 가게를 시작하게 된 과정이 재밌습니다. 당시 한 엄마가 이 마을에 있는 마포두레생협 인터넷 게시판에 한 가지 제안을 올렸습니다. 음식 재료를 생협에서 사다가 한 집에서 한꺼번에 반찬을 만들어서 서로 나눠 먹으면 어떻겠느냐는 거였지요. 매일같이 반찬 마련하는 게 쉬운 일이 아니어서 그런지 순식간에 찬성하는 댓글이 줄줄이 달렸습니다. 그러다 영양사였던 다른 한 엄마가 마침 다니던 회사를 그만둘 참이었는데 자기한테 맞는 일이라 잘됐다며 자기가 한번 해 보겠다면서 쓱 나섰습니다. 음식을 맛있게 잘 만드는 사람이야 이미 마을에 널리 알려져 있었고, 이 사람이 자기와 죽이 잘 맞는 또 다른 사람을 끌어들였습니다. 요리사 두 명에 영양사 한 명. 필요한 일꾼 세 사람이 이렇게 금방 모였습니다.

이제 본격적으로 활동을 시작합니다. 음식 만드는 일은 요리 잘하는 사람 집에서 하기로 하고, 일주일에 세 번, 한 번에 두 가지씩 반찬을 만들어 회원제 방식으로 이웃들에게 나눠 주기 시작했지요. 배달은 한 번에 500원씩을 주고 아이들에게 시켰습니다. 아, 그런데 안전하고 신선한 재료를 쓰는 데다 맛까지 좋으니 장사가 너무 잘되는 겁니다. 그러다 보니 음식 만드는 집에서 그만 문제가 생기고 말았습니다. 일주일에 사흘이나, 그러니까 하루걸러 한 번씩 무려 80여 명 분의 반찬을 만들다 보니 집에 난리가 난 거지요. 일상생활을 하기가 어려울 지경으로 말입니다. 그러니 어떤 얘기가 나왔을까요? 그렇지요, 결국 조그마하게라도 가게를 따로 내야 하지 않겠느냐는 의견이 자연스레 나왔습니다.

문제는 그러자니 보증금이라는 목돈이 필요하다는 점이었습니다. 그런데 웬걸, 이 문제도 손쉽게 해결됐습니다. 이 소식이 전해지자 반찬을 대 먹던 여러 엄마가 돈을 얼마씩 내놓겠다고 나선 겁니다. 말하자면 출자를 하겠다는 거지요. 그렇게 9명의 엄마가 500만 원씩 출자해 보증금에 필요한 4500만 원이 또 금방 모였습니다. 협동조합 하나가 뚝딱 만들어진 거지요. 이렇게 틀을 갖추면서 '동네부엌'은 갈수록 번창하고 있습니다. 지금 '동네부엌'은 하는 일이 점점 더 늘어나고 일손이 더 필요해지면서 마을에 새로운 일자리도 만들어 내고 있습니다. 그 덕분에 처음엔 소박한 일 공동체 형태로 시작했던 '동네부엌'이 지금은 마을기업으로 성장해 마을 사람들한테서 큰 인기를 얻고 있습니다.

아토피 아이에서 시작된 마을 카페

이 마을에 '작은나무'라는 마을 카페가 만들어진 이야기는 더욱 흥미롭습니다. 여기선 아토피로 고생하는 아이가 등장합니다. 어떤 엄마들 모임이 있었는데, 아토피로 고생하는 아이를 돌보고 달래느라 이 모임에 참석하지 못한 엄마가 한 명 있었습니다. 문제는 아이스크림이었습니다. 이 아이가 아이스크림을 먹으면 밤에 몸이 너무 가려워 피가 철철 나도록 긁어 대니 그런 아이를 두고 모임에 나올 순 없었던 거지요.

그러자 한 엄마가 아토피 아이들도 먹을 수 있는 아이스크림을 만들 방법은 없겠느냐고 문제를 던집니다. 이에 또 다른 엄마가 생협에서 파는 유기농 과일로 아이스크림을 만들면 되지 않겠느냐는 아이디어를 냅니다. 그랬더니 옆의 또 다른 엄마가 자기 집에 안 쓰는 커다란 믹서가 있다면서 그걸로 우리가 한번 직접 만들어서 실험해 보자고 제안합니다. 실험은 성공적으로 끝났습니다. 그 아토피 아이한테 유기농 과일로 만든 아이스크림을 먹였는데 몸을 긁지 않은 거지요.

이렇게 되자 어느 엄마가 슬그머니 또 다른 얘기를 꺼냅니다. 그 유기농 아이스크림을 마을 아이들 모두에게 다 먹이자는 겁니다. 찬성 의견이 쏟아집니다. 그랬더니 곧바로 아예 아이스크림 만드는 기계를 하나 사서 우리가 직접 만들자는 의견이 나옵니다. 그 기계 가격이 30만 원이었던 모양이지요. 5명의 엄마가 바로 그 자리에서 6만 원씩을 출자해 30만 원을 모으고선 기계를 사기로 덜컥 결정해 버렸습니다. 아, 그런데 여기서도 그만 전혀 예상치 못했던 문제가 생기고 말았습니다. 도착한 기계를 보니 엄청나게 큰 겁니다. 일반 가정집에서 소소하게 쓰는 조그만 게 아니라 가게에서 쓰는 커다란 영업용 기계였던 거지요. 이제 이 커다란 기계를 누구 집에 둘지, 어떻게 쓸지를 놓고 다들 서로 눈치를 보며 머리를 싸매고 고민합니다.

그러다 한 엄마가 불쑥 새로운 제안을 내놓습니다. 야, 이참에 가게 하나 차리자, 우리도 사장 한번 해 보자는 거였지요. 결국 5명의 엄마가 1000만 원씩 출자해 협동조합을 만들고 아이스크림을 파는 마을 기업을 창업하게 됩니다. 그런데 아이스크림만 팔아서는 제대로 운영하기가 쉽지 않을 터이니 커피도 같이 팔자는 의견이 나왔습니다. 그리하여 마침내 유기농 아이스크림과 커피를 파는 마을 카페 '작은나무'가 탄생하게 됩니다. 그런데 거기까지는 좋았지만 또 다른 문제가 생겼습니다. 출자한 엄마 다섯이서 아무리 열심히 일해도 도무지 적자 신세를 벗어나지 못한 겁니다. 아이스크림은 아주 잘 팔리는데 커피는 잘 안 팔린 탓이지요. 다들 또다시 해결책을 찾느라 머리를 싸매고 고민합니다.

그러던 어느 날 지나가던 어느 엄마가 툭 한마디를 던집니다. "야, 가게 넓혀."라고 말입니다. 다섯 엄마들은 처음엔 아니, 당장 망하게 생겼는데 불난 집에 부채질하는 거냐며 툴툴거렸습니다. 그러다 찬찬히 살펴보니 지금 가게는 너무 비좁아 제대로 얘기 나눌 공간도 없으니 커피가 잘 팔릴 리가 없다는 데 생각이 미치게 됩니다. 가게를 확장하는 게 돌파구라는 사실을 뒤늦게 깨달은 거지요. 한데 가게를 넓히려면 당연히 돈이 더 필요했습니다. 그래서 엄마들이 꾀를 내기는 했는데, 그게 너무나 소박한 것이었습니다. 가게에 큼지막하게 '작은나무가 망하게 생겼습니다. 출자를 해 주세요.'라고 호소문을 써 붙인 게 고작이었지요.

마을 사람들을 움직인 건 뭘까?

그런데 바로 이 대목에서 마을 공동체가 힘을 발휘했습니다. 결과부터 말하면 불과 한 달 만에 3300만 원이라는 큰돈이 모였으니까요. 마을에 있는 어느 건축회사에서 무료로 인테리어 공사를 해 주었고, 마을 생협에서도 선뜻 돈을 출자했습니다. 또 마을 사람들이 만든 '대동계'라는 모임에서도 흔쾌히 돈을 빌려 주었습니다. 일이 이쯤 진행되자 그다음부턴 소문을 전해 들은 마을 사람들이 3만 원씩, 5만 원씩 들고 찾아오기 시작했습니다. 망할 위기에 처하자 마을 사람들이 자발적으로 나서서 떡하니 도움의 손길을 내민 거지요.

　마을 사람들을 움직인 건 뭘까요? 자그만 카페 하나가 망하든 말든 자기들과는 별다른 상관도 없을 텐데 말입니다. 그들은 잘 알고 있었습니다. '작은나무'의 '스토리'를 말입니다. 그들은 '작은나무'가 아토피 아이를 살리고 마을 아이들에게 건강한 음식을 먹이겠다는 갸륵한 '엄마의 마음'에서 시작됐다는 걸 잘 알고 있었습니다. 나아가, 그들은 마을에서 동네 사랑방 구실을 하는 공간이 사라지면 안 되겠다는 마음을 이심전심으로 함께 품고 있었습니다. 말하자면 '공동체 전체가 필요로 하는 것'을 마련하는 일에 기꺼이 힘과 정성을 모은 거지요. 그 결과 '작은 나무'는 마을 사랑방으로서 어른 아이 가리지 않고 모든 마을 사람이 즐겨 찾는 곳이 되었습니다. 들리기로는 마을의 온갖 역사와 '뒷담화'가 여기서 이루어진다지요.

이 마을에서 어떤 일이 이루어지는 방식이 대체로 이러합니다. 성미산학교는 다섯이, 마을 극장은 셋이, 마을 식당은 둘이 시작했다고 합니다. 그렇게 첫 발걸음은 고작 몇 그루 나무로 시작했지만 결국엔 울창한 숲을 이루었습니다. '사람의 숲'이지요. 우리는 여기서 마을 사람들끼리 서로 기대고 어깨동무하면서 연대와 협동의 힘으로 만들어 가는 마을 공동체의 참모습을 엿볼 수 있습니다.

4 스스로 희망과 대안이 되어

오늘날 성미산 마을 사람들은 살면서 부딪히는 갖가지 문제를 함께 의논하고 해결해 가는 가운데 사적인 이해관계를 넘어 공적인 가치를 더불어 추구하는 풀뿌리 공동체 생활을 누리고 있습니다. 무엇보다 이들은 생활의 다양한 필요나 욕구를 돈과 이윤 논리가 지배하는 시장에서 해결하지 않았습니다. 협동조합이나 마을기업 같은 이른바

'호혜와 협동의 경제' 방식으로 풀어 갔습니다. 이곳에서 생협이 하는 일을 보면 이것을 잘 알 수 있습니다.

마을 사람들이 즐겨 찾는 마포두레생협은 단지 몸에 좋은 먹거리를 사고파는 매장 수준에 머물지 않습니다. 이익금을 활용해 마을 카페, 마을 식당, 마을 가게, 마을 공장 등을 열고 운영하는 데 큰 힘을 보태면서 150개가 넘는 일자리를 만들어 냈습니다. 여기에는 큰 의미가 담겨 있습니다. 여느 도시인들처럼 마을을 잠시 머물다 언제든 떠나 버리면 그만인 곳으로 여기는 게 아니라, 마을에서 오래도록 살아갈 수 있는 방법을 마련해 주는 자립적인 마을 경제 시스템을 이루어 내는 게 이런 활동이니까요.

또한 이곳 사람들은 마을 축제, 마을 극장, 마을 방송국, 성미산학교 등을 중심으로 갖가지 모임과 프로그램을 운영합니다. 그럼으로써 다채로운 문화생활을 즐깁니다. 특히 마을 사람들이 직접 운영하는 마을 극장은 사람들이 함께 모여서 놀고 즐길 수 있는 장소를 제공해 주고 있습니다. 마을 사람들을 서로 연결하고 하나로 묶어 주는 구실을 하는 거지요. 모든 마을 사람의 놀이터이자 생활문화 공간이자 모임과 교류 장소이기도 한 셈입니다.

이런 관계와 활동이 한데 어우러지는 가운데 성미산 마을 사람들은 다른 곳에서는 맛보기 어려운 특유의 '사는 재미'를 누리고 있습니다. 아울러 자치와 협동을 뼈대로 삼는 풀뿌리 민주주의와 대안적 경제를 생활 속에서 실천하고 있습니다. 사람답게 살 수 있는 삶터가 곳

∴ 성미산 마을 극장은 어린이와 어른, 너와 나를 떠나 마을 사람들을 하나로 묶는 역할을
톡톡히 해낸다.(위) 모두가 한마음이 되어 즐거운 경험을 나누는 성미산 마을 축제 현장.(아래)

곳에서 위협받고 파괴되는 오늘의 현실에서, 성미산 마을은 스스로 희망과 대안이 되고 있습니다.

생활 놀이터 '삼각산재미난마을' 이야기

서울에 또 하나의 유명한 마을 공동체가 있으니, 강북구 우이동 북한산 아랫자락에 자리 잡은 '삼각산재미난마을'이 그 주인공이다. 이 마을도 시작은 공동육아 협동조합이었다. 1998년 공동육아 협동조합이자 돌봄 공동체인 '꿈꾸는 어린이집'이 문을 열었다. 친환경 먹거리와 생활환경에 대한 관심이 높은 사람들이 아이들 교육을 연결고리로 하여 마음과 힘을 모은 것이다. 그러다 어린이집에서 함께 지내던 아이들이 자라서 초등학교를 갈 때가 되자 학부모들이 다시 모여 대안 초등학교를 만들기로 했다. 그렇게 해서 2004년에 태어난 것이 6년제 초등 대안학교인 '삼각산재미난학교'였다. 2013년에 9년제 학교로 바뀌었다가 2014년에 중등과정과 초등과정이 나누어져 중등과정은 따로 독립하였다. '삼각산재미난마을'이라는 마을 이름도 이 학교 이름에서 비롯했다.

2011년 5월에는 사단법인 '재미난마을'이 만들어져 마을 공동체 활동이 더욱 활발해졌다. 또한 이해에 청소년 연극단 '진동'이 이 마을로 이사 오면서 마을에 젊은 활력을 불어넣었다. 2012년에는 사회적 기업을 준비하는 삼각산재미난마을 사업단이 꾸려졌다. 이들은 강북 지역에서 오랫동안 활동해 온 '품'이라는 청소년 문화 공동체와 함께 강북 마을장터를 열어 지역문화를 새롭게 만들어 나갔다.

이 마을에서 공동체 활동의 핵심 구실을 하는 것은 어른들이 만든 음악 동아리 'JB밴드', 마을 사람들의 공동 공간인 '재미난마을 사랑방', 목공소이자 마을 공동 작업장인 '마을목수공작단' 등이다. 처음엔 마을 공동체가 아이들과 교육 중심으로 이루어졌지만, 그 뒤 어른들은 마을에서 어떻게 하면 재미나게 살지를 궁리하다 '재미난카페'라는 걸 만들었다. 마을 사람들의 공동 출자로 주택 한 채를 빌려 마을 사랑방을 마련한 것이다. 이곳은 지금은 카페 영업은 하지 않고 '재미난마을 사랑방'으로 바뀌어 마을 사람들이 만나고 모이고 일을 벌이는 공동의 마을 공간으로 쓰이고 있다. '마을목수공작단'도 대단한 활약을 펼친다. 요청이 들어오면 생활가구를 만들어 주고 정기적으로 목공 강좌를 연다. 이곳에 재미난마을 문화가 만들어진 것도 이런 관계와 활동들이 모이고 쌓이면서다. 타로를 연구하는 '샤크리', 악기 연주와 노래를 즐기는 사람들이 모인 'JB밴드', 아까운 연기 재능을 감춰 뒀던 사람들이 결성한 '동네극단 우이동' 등이 그렇게 만들어졌다. 마을 도서관인 '작은도서관'도 있다. 마을 주민들과 함께 송년 축제를 열기도 한다. 그러면서 마을은 아이 어른 모두의 놀이터가 됐다.

이 마을의 출발점은 아이들 돌봄이었다. 하지만 그 뒤 점점 성장해 이제는 교육·생활·문화 공동체로 발전하고 있다. 자녀 교육을 위해 시작된 '작은 몸짓'이 사람들의 삶과 생활 자체를 바꾸고 있는 것이다. 성미산 마을과 삼각산재미난마을은 공통적으로 처음엔 공동육아 어린이집을 함께 만든 사람들이 중심이었다. 그러다 이들이 닦아 놓은 다양한 관계들과 공동체적 토대에 점차 많은 사람이 함께하면서 서서히 마을 공동체의 꼴이 갖추어졌다. 그러면서 마을은 끊임없이 새로운 활력을 공급받으며 또 다른 일들을 벌여 나갔다. 마을에서 자란 아이들이 청년이 되고 어른이 되며, 또 다른 아이들이 다시 마을에서 자란다. 그렇게 마을은, 마을 사람들의 삶은, 공동체와 더불어 끊임없이 계속된다.

1 우리 농촌의 앞날이 궁금하거든 여기를 보라

이번에 찾아갈 곳은 농촌 마을입니다. 충청남도 홍성군 홍동면에 있는 '홍동 마을'이라는 곳이지요. 여러분도 잘 알다시피 오늘날 대부분 농촌은 시름시름 앓고 있습니다. 아이와 젊은이들은 사라져 가고, 문을 닫는 학교도 많습니다. 활력과 생기를 찾아보기 힘들지요.

홍동 마을도 겉모습만 얼핏 보면 우리나라 여느 농촌과 크게 다르지 않습니다. 하지만 속을 들여다보면 놀라운 일이 한두 가지가 아닙니다. 예를 들어, 우리나라에서 처음으로 유기농업과 협동조합이 시작된 곳이 이 마을입니다. 지금도 이어지고 있는 귀농 운동과 귀촌 운동을 가장 먼저 주도한 곳도 이 마을이고요. 시골임에도 세상과 삶을

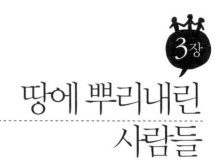

3장

땅에 뿌리내린 사람들

앞장서 바꾸려는 갖가지 실험과 시도들이 끊임없이 이루어져 왔고, 이는 지금도 마찬가지입니다.

그래서 이 마을에는 활기가 넘칩니다. 심지어 요즘 여기서는 농사지을 땅과 살 집을 구하는 것이 아주 어렵다는 얘기까지 들립니다. 이마을에서 살겠다고 젊은 사람들이 자꾸 모여들기 때문이지요. 그리하여 이제 홍동 마을은 크게 주목받는 농촌 성공 사례이자, 우리 농촌이 나아갈 길을 일깨워 주는 대안 모델로도 손꼽히고 있습니다.

대다수 주민이 소농(小農, 한 가족끼리 작은 농토를 경작하는 소규모 농사) 형태로 농사를 짓는 이 마을이 추구하는 바는 크게 세 가지입니다. 서로 돕고 함께 사는 공동체 마을, 마을 사람들이 주체가 되어 스스로를 다스리는 자치의 마을, 자연과 공존하면서 사는 데 필요한 것들을 스

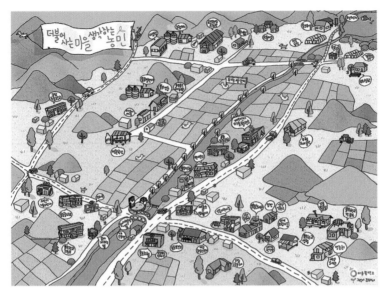

∴ 마을 공화국을 꿈꾸는 홍동 마을의 지도.

스로 생산하는 자급하는 마을이 그것입니다. 자치와 생태와 협동의 공동체. 아름답고 풍요로운 '마을 공화국'의 꿈. 좀 거창하게 요약하면 이런 식으로 표현할 수도 있겠지요.

이곳은 시골이고 마을 규모 또한 작지만 없는 게 없습니다. 농사짓는 곳이니 우선은 먹거리가 넉넉합니다. 한데 농촌이라고 해서 사람들이 모두 농사만 짓고 사는 건 아닙니다. 사람 사는 데 필요한 온갖 것들이 제대로 갖추어져야 온전한 생활을 누릴 수 있는 것은 도시나 농촌이나 마찬가지지요. 이 마을에는 학교, 도서관, 빵집, 목공소, 출판사, 공방, 협동조합, 연구소, 교육관, 정보센터, 농장, 카페, 동네 사랑방 등을 포함해 사람이 살아가는 데 필요한 거의 모든 것이 알뜰살 뜰 갖추어져 있습니다.

그래서 이곳 마을 사람들은 마을에서 먹을 것을 직접 생산하고, 마을에서 배우고 가르칩니다. 마을에서 연구하고, 모여서 공부하고, 필요한 것을 만들고, 책도 펴냅니다. 나아가 '마을의 정치'를 꽃피우려고 합니다. 시골에서의 삶을 소박하게 즐기면서 마을 곳곳에, 마을 생활 여기저기에 담겨 있는 삶의 기쁨을 더불어 찾아내 누리고자 합니다. 그러면서 이곳 사람들은 마을에 대한 애정과 자부심을 바탕으로 흙과 함께, 땅에 뿌리내리는 삶을 일구어 나가고 있습니다.

2 풀무학교가 맺은 아름다운 열매

이쯤에서 자연스레 이런 마을이 대체 어떻게 만들어졌을까 하는 궁금증이 일게 됩니다. 이 대목에서 만나게 되는 게 풀무농업고등기술학교(풀무학교)입니다. 결론부터 말하지요. 풀무학교가 없었다면 지금의 홍동 마을도 없었을 것입니다. 홍동 마을의 씨앗이자 뿌리가 곧 풀무학교니까요.

풀무학교는 1958년에 문을 연 유서 깊은 대안학교입니다. '지역 속 작은 학교'로서 튼튼히 자리 잡은 이 학교가 내거는 으뜸 구호는 '더불어 사는 평민'입니다. 여기서는 이른바 '좋은' 대학에 진학하여 출

∴ 1958년에 처음 세워진 풀무학교의 모습.

세하려는 사람을 키우지 않습니다. 마을에 남아 농업과 농촌을 지키는 사람, 평범하지만 의식 있는 농부를 키우는 교육을 실천하고자 하는 곳이지요. 그래서 여기서는 좁은 의미로 공부 잘하는 건 그다지 높이 쳐 주지 않습니다. 머리와 가슴과 손이 고루 성장하고 발전하는 걸 더 중요하게 여기는 곳이 풀무학교입니다.

　이런 교육 철학을 바탕으로 이 학교에서는 교육과 마을을 하나로 연결하고 통합하는 데 특히 각별한 노력을 기울입니다. 방금 성미산 마을을 소개하면서 얘기한 '한 아이를 키우기 위해서는 마을 하나가 필요하다'는 원칙이 여기서도 적용되고 있는 거지요. 그래서 홍동 마을에서는 아이들이 마을이라는 든든한 울타리 안에서 자라고, 배우고, 관계 맺고, 경험과 지혜를 쌓고, 자기 자리를 찾아서 제 몫의 일을 하고, 이웃과 더불어 평화롭게 살아갈 수 있도록 마을 공동체와 마을 사람 모두가 많은 애를 씁니다. 이 마을에서 농부든 누구든 마을 주민 모두가 선생님 구실을 하는 것도 이런 맥락에서입니다. 성미산 마을

• 이런 뜻에 따라 풀무학교에서는 "이웃과 더불어 자연과 더불어 살아가는 교육, 엘리트가 아니라 누구나 타고난 자기를 실현하는 평민을 기르는 교육, 곧 더불어 살아가는 평민을 기르는 교육이 꼭 필요하다고 믿고, 그것을 위해 학교는 작아야 한다."는 신념을 여태껏 지켜 오고 있다.

과 비슷하게 마을 자체가 곧 학교인 셈이지요.

예컨대, 마을에 목공소가 있으니 아이들은 거기서 물건 만드는 법을 배웁니다. 도자기, 건축, 사진, 영화 등 다른 분야도 마찬가지고요. 논에서는 생물 다양성을 조사하고, 밭에서는 함께 일하며 흙과 미생물에 대해 배웁니다. 냇가를 가면 물과 환경오염 대책을 공부합니다. 꽃을 재배하는 농장엘 가면 식물을 배우고 꽃을 그립니다. 학생들은 또 마을을 이리저리 어슬렁거리다 장터에도 들르고, 도서관에 와서는 책을 읽거나 역사를 배우기도 합니다. 교육 과정 자체가 이처럼 생생하게 살아 있으니 아이들은 배우면서 남다른 기쁨을 얻게 됩니다. 새 지식을 얻는 기쁨은 물론이고 자기 능력과 소질과 적성을 발견하는 기쁨, 새로운 사회의 가능성을 깨닫게 되는 기쁨 같은 것들이 그것이지요.

∴ 풀무학교 학생들은 자연 속에서 사회를 알아 가고 진정한 배움의 기쁨을 느낀다.
풀무농업고등기술학교 전교생과 교직원이 모내기를 하는 모습.

그리고 보면, 풀무학교에서는 처음부터 학생들에게 공부 잘하는 사람은 지역에 남고 공부 못하는 사람은 대학에 가라고 가르쳤다고 하는 사실이 그리 놀랄 일도 아닐 성싶습니다. 공부가 전부가 아니라 '모든 사람이 쓸모가 있다'는 교육의 참된 뜻을 이렇게 실제 현실에서 펼치고 있는 거지요. 그렇습니다. 여기서는 마을이 펼쳐진 교실입니다. 학교가 지역의 핵심 기관입니다. 그리하여 오늘의 학생이 내일의 마을 주인공으로 자라고 있습니다. 홍동 마을의 오늘은 풀무학교가 추구하는 이런 참된 교육의 정신과 가치가 마을 전체로 번지고 스민 결과입니다.

3 이 마을이 우리 사회의 풀무다

이처럼 마을과 한 몸을 이룬 풀무학교가 이곳에서 벌인 여러 일들은 마을 공동체를 일구는 데 결정적인 바탕이 되었습니다. 그 가운데서 가장 중요한 것은 농약과 화학비료를 쓰지 않는 유기농업을 선구적으로 도입하고 실천한 일이라고 할 수 있습니다. 홍동 마을은 오늘날 우리나라에서 유기농업을 가장 먼저 개척한 곳이자 친환경농업이 가장 활발한 '한국 유기농업의 총본산'으로 일컬어집니다. 이런 유기농 역사의 첫 장을 열고 이끌어 온 주역이 풀무학교와 이 학교를 졸업한 젊은 농민들입니다. 생명과 자연을 살리는 농업을 지향하는 '정농회'

라는 농민단체 회원들과 함께 1970년대 중반 무렵부터 본격적으로 유기농업 운동을 시작했지요.

그 뒤 점점 널리 퍼진 유기농업은 땅을 비롯한 자연 생태계만 살린 게 아니었습니다. 사람도 살리고 공동체도 살렸습니다. 유기농업을 하다 보면 함께 일하며 서로 돕고 나누는 공동체적 삶을 익히게 마련이지요. 산업화된 일반 농업처럼 농약과 화학비료, 농기계에 의존하는 게 아니라 여러 사람이 모여 힘을 합쳐 사람의 손으로 직접 짓는 게 유기농 농사니까요. 그렇게 해서 오늘날 홍동면 전체 쌀 농가의 41퍼센트가 유기농 쌀을 재배하고 있습니다. 이는 다른 농촌 지역과 비교하면 아주 높은 비율이지요. 홍동 마을은 나아가 환경농업교육관, 농촌생활유물관 등을 지어 유기농업을 세상에 더욱 널리 알리고 퍼뜨리는 일에도 큰 공을 들이고 있습니다.

풀무신용협동조합(풀무신협, 줄여서 '신협'이라 부르는 신용협동조합은 서로 뜻이 맞거나 관계가 있는 사람들끼리 자금을 마련하고 이용하려고 만든 금융기관의 일종을 말한다)과 풀무생활협동조합(풀무생협)을 비롯한 주민 주도 협동조합 운동, 어린이집, 도서관, 지역신문, 지역화폐 등과 같은 수많은 마을 공동체 활동을 시작하고 이끌어 가는 사람들 가운데 다수도 풀무학교 교사와 학생, 졸업생들입니다.

참, 그런데 여러분, '풀무'가 무엇인지 알고 있나요? 요즘은 찾아보기 어려운 것이어서 아마도 모르는 사람이 많을 듯합니다. 풀무란 불을 피울 때 바람을 일으키는 기구를 말합니다. 그리고 보면 학교 이름

을 참 잘 지었다는 생각이 듭니다. 서로에게 풀무 같은 이웃이 되어 살아가는 곳이 여기, 홍동 마을이니까요.

그간 급속도로 진행된 개발과 산업화는 우리나라는 물론 세계 곳곳에서 수많은 민중의 삶터를, 그리고 그들의 평화와 안녕을 파괴해 왔습니다. 그 와중에 특히 농업, 농촌, 농민이 가장 큰 희생양이 됐지요. 하지만 농업은 이 세상과 우리 삶을 떠받치는 가장 근원적인 토대이자 기둥입니다. 먹지 않고 살 순 없으니까요. 그러므로 농업은 단순히 산업이나 경제의 한 분야가 아닙니다. 어쩌면 지속 가능하고 인간다운 삶을 누리며 살 수 있는 거의 하나뿐인 삶의 방식이 농업인지도 모릅니다. 땅에 뿌리내린 사람들, 흙과 더불어 살아가는 사람들이 일군 홍동 마을이 이 세상을 향해 가장 전하고 싶은 메시지도 바로 이것이 아닌가 싶습니다. 이런 홍동 마을이야말로 우리 사회에서 진정한 풀무 구실을 하고 있다면 지나친 말일까요?

참고로, 한 가지 얘기만 덧붙입니다. 마을 이름에 '홍동'이 붙어 있으니 지금까지 얘기한 내용이 마치 홍동면 전체에 다 적용되는 것처럼 오해할 수도 있다는 점이 그것입니다. 현재 홍동면에는 1200여 가구에 약 4000명의 주민이 살고 있습니다. 여기서 소개한 홍동 마을을 이루는 사람들은 이 가운데서 사실은 일부에 지나지 않습니다. 또한 홍동 마을에 살더라도 지향하는 가치나 방향이 다 같은 건 아니고 다양한 생각을 지닌 사람들이 뒤섞여 살고 있지요. 이것은 홍동 마을뿐만 아니라 다른 마을 공동체들도 마찬가지라고 할 수 있습니다.

농부가 되는 길, 시인이 되는 길

"아빠, 전 지금처럼 많이 웃어 본 적이 없어요. 지금처럼
매 순간 집중해 본 적이 없어요. 지금처럼 머리와 손과 몸이
일치하는 생활을 해 본 적이 없어요. 아침에 눈을 떠서
밤에 눈을 감을 때까지, 지금처럼 열심히 살고 있다고
느껴 본 적이 없어요. (…) (여기에) 있는 건 무엇보다 평화롭고
고고하게 흘러가는 신념이에요. 소규모로 농사지어서
자기가 먹을 것을 기르는 농부의 삶에 대한 신념, 에너지는
순환해야 한다는 신념, 공동체와 마을은 안에서부터
단단해야 한다는 신념, 학교 안을 흐르는
그 강 같은 신념 아래에서 저는 일상을 살아가요.
그리고 무엇보다도 이곳에는 학생들의 젊음과,
존경할 수 있는 선생님과, 매일매일
조금씩 변하는 계절의 흐름과, 밤늦게까지
읽고 싶은 책과, 함께 일하는 동료애와,
관찰할 수 있는 동식물이 있어요.
이런 배움에 대해 아빠는
어떻게 생각하세요?"

풀무학교는 지난 2001년에 2년제 대학과정인 '풀무학교 전공부'를 새로 개설했다. '지역 속에서 지역민과 함께하는 풀뿌리 농업대학'을 내세운다. 풀무학교 고등부는 개교 이래 오랫동안 공식 학력을 인정받지 못하다가 지난 1983년에야 비로소 인정받았다. 전공부는 처음부터 아예 학력 인정을 요청하지 않았다. 그래서 여기를 졸업해도 나라가 인정하는 대학 졸업장을 받을 수 없다. 무슨 공식적인 자격증을 딸 수 있는 것도 아니다. 정부 지원도 없다. 그럼에도 학생들이 꾸준히 찾아온다. 하긴, 풀무학교 인기가 날로 높아져 여기에 자녀를 보내려는 목적으로 홍동 마을에 귀농하는 사람들도 더러 있다고 한다.

전공부를 운영하는 데 드는 비용은 대부분 스스로 마련한다. 전공부 교사들과 학생들이 직접 짓는 농사에서 생기는 수익과 후원회원들의 자발적인 후원회비가 수입의 대부분을 차지한다. 학생은 모두 기숙사에서 생활한다. 오전에는 강의실에서 수업을 진행하고, 오후에는 직접 논밭에 나가 농사일을 배운다. 모내기, 김매기, 추수 등으로 농사일이 한창 바쁠 때인 농번기에는 특별히 '실습 주간'을 따로 두어 보통 3~4주일 정도 농사일에만 매달린다. 지역과 더불어 사는 농민을 기르는 것이 목표이기에 전공부의 모든 공부 일정은 그해 농사 일정에 따라 결정된다. 오전 수업 교과목으로는 '논농사', '밭농사'처럼 농사에 직접 관련된 것들 말고도 '농부와 인문', '시, 노래, 상상력', '인권과 자치' 같은 것들이 있다. 교과목 이름만 봐도 이곳에서 어떤 교육을 꿈꾸는지 짐작할 수 있다.

앞에서 인용한 글은 한 전공부 학생이 아빠에게 보낸 편지다. 여기서 배우는 학생들이 어떤 마음, 어떤 생각, 어떤 믿음으로 공부하고 생활하는지를, 풀무학교와 홍동 마을이 어떤 곳인지를 잘 보여 준다.

1 다양한 공동체, 진화하는 공동체

성미산 마을과 삼각산재미난마을, 홍동 마을 등은 종합적인 생활 공
동체라고 할 수 있습니다. 사람들의 일상생활을 이루는 갖가지 세부
요소들 전반이 직접적으로든 간접적으로든 두루 마을 공동체 활동과
얽혀 있으니까요. 그런데 이와는 약간 달리, 생활의 특정한 측면 또는
분야를 중심으로 마을 공동체 활동이 이루어지는 곳도 있습니다.

　여기서 다룰 두 마을 공동체를 예로 들자면, 하나는 '에너지 자립'
을 꿈꾸며 에너지 관련 활동에 집중적으로 힘을 쏟아붓는 곳입니다.
다른 하나는 마을 전체를 싹 밀어 버리고 아파트 단지를 건설하는 획
일적인 재개발 대신에 기존 집들을 보존하면서 새로운 방식의 대안

4장

마을 공동체의
다채로운 '얼굴'들

적 개발을 추진하는 곳입니다. 이 밖에도 문화예술 활동을 중심으로 하는 곳, 상인들이 재래시장을 공동체처럼 바꾸어 가는 곳, 청소년 모임이 공동체 활동의 중심을 이루는 곳, 마을기업이나 지역신문이 공동체 활동을 이끌어 가는 곳 등을 비롯해 다양한 성격의 마을 공동체들이 있습니다.

이처럼 마을 공동체는 다채로운 '얼굴'을 지니고 있습니다. 자연에서 생물 다양성은 생태계가 얼마나 건강한지를 재는 잣대가 되지요. 공동체도 다르지 않습니다. 공동체에서도 다양성은 공동체 생태계 전체가 얼마나 건강하고 역동적인지를 보여 주는 척도 구실을 합니다. 진화론의 창시자 찰스 다윈은 진화란 다른 게 아니라 '다양성이 증가하는 것'이라고 했습니다. 공동체 생태계 또한 다양할수록 공동체는 더욱 풍성하고 울창하게 진화해 나갈 것입니다.

사람들이 살아가는 모습은 다 다르고 아주 다양합니다. 사람들의 욕구와 필요, 각자 처한 조건과 처지, 관심사와 취향 등도 모두 다릅니다. 공동체가 이런 삶의 다양성을 담아내야 한다는 건 두말할 필요도 없지요. 그러므로 공동체의 모습이 획일적이거나 단조롭다면 공동체의 미래는 어두울 수밖에 없습니다. 독특한 개성을 지닌 마을 공동체의 또 다른 '얼굴'을 살펴보려는 까닭이 여기에 있습니다.

2 도서관에서 에너지 자립과 협동조합으로

내 손으로 세운 도서관과 마을학교

서울 동작구 상도동을 가면 성대골이라는 이름의 마을이 있습니다. 보다 정확하게 말하면 상도3동과 4동, 그러니까 지하철 7호선 신대방삼거리역 인근의 성대시장 입구에서 국사봉 골짜기에 이르는 지역을 가리키지요.

이 마을 사람들이 가장 자랑스러워하는 것은 마을 사람들이 직접 세운 '성대골 어린이도서관'입니다. 여기서는 이 도서관을 만드는 과정에서 마을 공동체의 토대가 만들어졌습니다. 그런데 특이하게도 이 마을은 도서관을 세우는 데서 그치지 않고 얼마 전부터는 '에너지 자립'을 마을에서 이루려고 무진 애를 쓰고 있습니다. 꿈은 여기서 멈

추지 않습니다. 이 마을 사람들은 이런 활동을 디딤돌 삼아 지금은 협동조합 마을로의 변신이라는 또 다른 날갯짓을 준비하고 있습니다. 도서관에서 에너지 자립으로, 다시 협동조합으로. 끊임없이 새로운 단계로 나아가는 마을 공동체가 이곳 성대골 마을입니다.

이곳에 마을 공동체의 씨앗이 처음 뿌려진 것은 지난 2009년 봄입니다. 5명 안팎의 주민이 모인 '풀씨모임'이라는 이름의 작은 동아리였지요. 이 모임 사람들은 모여서 책도 같이 읽고 마을에서 뭔가 의미 있는 일을 하면 좋겠다는 마음에 머리를 맞대고 의논을 하기도 했습니다. 그러다 우연한 계기로 지렁이를 활용한 음식물 쓰레기 줄이기 운동을 벌이기 시작했습니다. 이것은 마을 축제와 버려진 골목길 화단에 꽃 심기 같은 활동으로 이어졌습니다.

첫걸음은 너무나 소박했습니다. 이런 활동이 쌓이면서 서서히 마을을 바꾸는 에너지가 만들어지기 시작했습니다. 이 에너지가 한데 모여 빚어낸 아름답고도 값진 결실이 바로 성대골 어린이도서관입니다. '풀씨모임'에서 일기 시작한 변화의 바람 속에서 '우리 동네에도 작은 도서관이 하나 있으면 좋겠다'는 또 다른 소망이 싹텄고, 이 꿈을 이루려고 '동네 엄마들'이 주축이 되어 소매를 걷어붙이고 발로 뛴 결과지요.

이들은 남한테 기대지 않고 마을 사람들 스스로의 힘으로 도서관을 세우기를 바랐습니다. 그래서 가장 중요한 것은 주민 참여를 이끌어 내는 일이었습니다. 결코 쉽지 않은 일이었습니다. 그러나 이들의 순수한 뜻과 열정이 서서히 통하기 시작하면서 어른 아이 할 것 없이 하나씩 둘씩 지갑을 열고, 호주머니를 털고, 돼지저금통을 깼습니다. 다양한 모금 활동도 벌였고, '일일 호프(술집을 하루 동안 빌려 장사하면서 자금을 모으는 행사)'도 열었습니다. 취지에 공감하는 단체들의 지원도 이끌어 냈습니다. 책은 스스로 구하기도 했지만 출판사와 작가들에게 일일이 전화를 걸어 기증을 받기도 했고요.

이런 갖은 노력 끝에 이들은 필요한 자금 2000만 원을 모을 수 있었습니다.* 도서관을 운영하고 관리하는 일도 마을 사람들이 직접 맡았습니다. 도서관 운영에 관한 중요한 결정 또한 마을 사람들로 이루어진 운영위원 10명이 민주적인 회의를 거쳐 내리고요. 도서관에는 6000권 정도의 책이 갖추어져 있습니다. 소박한 규모지요. 하지만 이처럼 마을 사람들이 자기들 손으로 직접 세우고 또 운영하는 만큼 이 도서관에 대한 마을 사람들의 애정과 자부심은 각별할 수밖에 없습니다.

도서관 활동이 점차 자리를 잡자 이들은 또 다른 사업을 벌였습니다. 2012년 4월에 문을 연 '성대골 마을학교'가 그것입니다. 창고로 쓰던 40평 남짓한 공간이 아이들 방과 후 학교로 탈바꿈했지요. 학생은 30명가량이고, 15명의 엄마들이 4개 조로 나뉘어 한 달에 다섯 번

• **적게는** 10만 원에서 많게는 100만 원까지 기금을 낸 발기인 50여 명이 모두 이 마을 사람들이었다. 또한 마을 사람들 250여 명은 매달 5000원에서 2만 원을 내는 후원회원으로 등록해 지속적으로 힘을 보태고 있다.

씩 교사로 활동합니다. 요일마다 각기 다른 프로그램을 운영하기도 하는데, 이 또한 마을 사람들의 '재능 기부'로 이루어집니다. 그러니까, 마을 사람들이 아무런 대가 없이 자발적으로 나서서 자기 전공이나 전문 분야에 맞는 수업을 진행한다는 얘기지요. 마을학교는 배우고 가르치는 공간에서 그치지 않습니다. 마을 엄마들이 서로 모여 교제하며 아이들 교육을 비롯해 자유롭게 얘기를 나눌 수 있는 공간으로도 인기가 높다고 합니다.

성대골 사람들은 도서관을 세우는 과정에서 서서히 마을에 공동체의 빛깔을 입혀 나갔습니다. 그러면서 서로 힘을 모아 뭔가를 이루는 데서 오는 뿌듯한 성취감을 느꼈습니다. 그 덕분에 어떤 일을 이루려면 반드시 연대와 협동이 필요하다는 것을 몸으로 깨달았지요. 바로 이런 경험과 여기서 우러나오는 에너지가 도서관에서 마을학교로 한단계 더 발전하면서 자연스럽게 이어졌다고 할 수 있습니다.

에너지 자립을 위한 다양한 노력들

그러던 차에 이웃나라 일본에서 엄청난 사건이 터졌습니다. 지난 2011년 3월에 발생한 후쿠시마 원자력발전소 사고가 그것입니다. 원자력발전이 얼마나 위험한지를 충격적으로 보여 준 이 초대형 참사를 보면서 성대골 사람들은 정신이 번쩍 들었습니다. 그리고 후쿠시마 참사가 안겨 준 이 충격은, 원자력발전에서 벗어나려면 에너지 자립을 이루어야 한다는 깨달음으로 이어졌습니다.

∴ 성대골 마을 사람들은 에너지 자립을
위한 다양한 방식의 노력을 기울인다.
성대골 마을학교 아이들이 마을학교의
화목난로에 땔 나뭇가지를 찾으며
즐거운 시간을 보내고 있다.(위)
착한에너지지킴이들이 합창을 통해
에너지 절약을 호소하고 있다.(가운데)
제1회 에너지축제에서 아이들이
재생에너지 체험을 하고 있다.(아래)

한데 에너지 자립을 이루려면 해야 할 일이 아주 많습니다. 하지만 우선 실천할 수 있는 것은 에너지 절약입니다. 조금 더 나아가면 햇빛이나 바람 등을 이용해 재생 에너지를 만들어 쓰는 게 좋습니다. 보다 근본적으로는 에너지를 낭비하는 생활방식과 소비 습관도 바꾸어 나가야 합니다. 아마도 이런 일을 혼자서 해내려면 무척이나 힘들고 쉽게 지칠 터입니다. 하지만 주변 사람들, 이웃과 함께라면 보다 수월하게, 그리고 더욱 힘차게 해 나갈 수 있습니다. 서로가 서로에게 힘이 되고 자극이 되니까요. 마을 공동체가 이런 일을 해내기에 제격인 까닭입니다.

이런 사실을 잘 보여 주는 곳이 성대골 마을입니다. 이 마을에는 에너지 아껴 쓰기를 열심히 실천하는 가정, 학교, 사무실, 가게 등이 아주 많습니다. 성대골 어린이도서관은 여기서도 중요한 구실을 떠맡고 있습니다. 대표적으로, 이 도서관 한쪽 벽면에는 50여 가구의 매달 전기 사용량을 그래프로 나타낸 그림이 붙어 있습니다. 빨간색은 지난해 사용량을, 초록색은 올해 사용량을 가리키지요. 그래서 이 그래프만 보면 어느 집이 얼마나 전기를 절약하고 있는지를 한눈에 알아볼 수 있습니다. 더 많은 마을 사람이 에너지 절약 실천에 동참하도록 이런 활동을 벌이는 거지요.

마을학교에서는 석유 같은 화석연료를 쓰지 않고서 겨울을 나는 실험도 진행합니다. 나무로 불을 땔 때는 화목난로로 난방을 하는 거지요. 이에 더해 학교 건물 바깥쪽 벽에는 햇빛 온풍기가 달려 있습니

다. 건물 벽에 설치된 태양광 집열판(햇빛의 열에너지를 모아 전기로 바꾸는 장치)으로 햇빛을 모은 뒤 건물 안으로 연결된 이 온풍기로 실내를 따뜻하게 데우는 겁니다. 이 두 가지 정도면 겨울을 나기에 그리 어렵지 않다고 합니다. 이처럼 이 마을학교를 다니는 아이들은 어려서부터 에너지를 절약하고 또 직접 에너지를 만드는 귀중한 체험을 일상생활 속에서 하고 있습니다.

집에서 열이 최대한 새 나가지 않도록 하는 낡은 주택 단열 개선 사업도 벌이고 있습니다. 한 집에서 20퍼센트의 전기를 아끼는 것을 목표로 하는 이 활동에 마을의 모든 집이 참여하

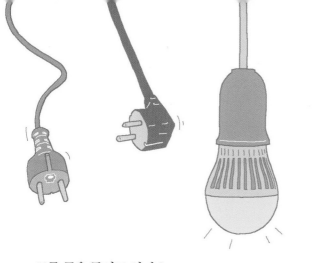

도록 공을 들이고 있지요.

　마을 분위기가 이렇다 보니 이 마을엘 가면 특이한 것들을
볼 수 있습니다. 태양광 발전 장치가 설치된 베란다, LED 가로
등이 들어선 에너지 특화거리, 에너지 체험 놀이기구가 있는
공원, 태양광 발전소와 LED 체험관이 있는 주차장 등이 그것
입니다. 마을 곳곳에서 에너지를 생산하고 있는 거지요. 마을
사람들이 모두 참여하는 에너지 축제도 열고요.＊

＊2012년에는 '해바라기'라는 에너지 카페도 열었다. 태양열 집열판과 자전거
　발전기로 전기를 직접 만들어 커피도 내리고 솜사탕도 만들고 요리도 한다. 그
　전기로 음악도 틀고 전등도 켠다. 재밌는 것은 이 카페가 2톤짜리 트럭이라는 사
　실이다. '이동식 카페'인 셈이다. 이곳저곳 돌아다니면서 도시에서도 에너지 자립
　을 이룰 수 있다는 것을 널리 알리려고 이런 독특한 아이디어를 냈다고 한다.

우리나라에서 처음으로 도시형 에너지 자립 마을을 꿈꾸는 성대골 마을은 이제 또 다른 계획을 실천에 옮기고 있습니다. 협동조합 마을을 만들겠다는 것이 그것입니다. 다양한 협동조합을 만들어 공동체를 더욱 튼실하게 키우고 마을 사람들의 삶의 질을 좀 더 높이겠다는 거지요. 이런 구상에 걸맞게 여기선 마을 사람들이 공동으로 출자해 협동조합 방식으로 마을 카페와 마을 목공소를 운영하고 있습니다.

공동체는 사람을 바꾸고 사람은 공동체를 바꾼다

성대골 마을은 하나의 공동체가 어떻게 발전해 가는지, 그리고 마을 사람들이 공동체 발전과 더불어 어떻게 성숙해 가는지를 잘 보여 줍니다. 이곳은 처음에 마을 사람들이 스스로의 힘으로 도서관을 세우는 데서 공동체 활동의 씨앗이 뿌려졌습니다. 그 과정에서 함께 힘을 합쳐서 뭔가를 이루어 내는 연대와 협력의 힘을 직접 경험했습니다. 그러다 후쿠시마 참사를 목격하면서 에너지 자립 마을을 이루겠다는 포부를 품었습니다. 이에 따라 마을 사람들은 생활방식을 바꾸어 나가고 있습니다. 그것이 지금은 협동조합이라는 열매를 맺고 있습니다.

그냥 평범한 마을이었던 곳이 시나브로 마을 공동체로 바뀌고, 공동체 활동이 무르익을수록 사람들이 바뀌어 가고 있는 겁니다. 이처럼 공동체는 삶을 바꾸고, 삶은 공동체를 바꿉니다. 끊임없이 진화하는 마을. 역동적으로 발전하는 공동체. 스스로 거듭나는 사람들. 에너지 자립 마을을 넘어 협동조합 마을로의 새로운 변신을 시도하고 있는 성대골 마을 공동체와 이 마을 사람들이 지금 보여 주고 있는 모습입니다. 이들이 걸어가는 길에서 우리는 마을 공동체가 지닌 잠재력과 가능성을 다시금 확인할 수 있습니다.

농촌, 농민, 환경을 동시에 살리는 법

이런 에너지 자립 마을이 도시에만 있는 건 아니다. 전라북도 부안군 하서면에 있는 '등용 마을'은 30가구 60여 명이 사는 농촌 마을이다. 이 작은 시골 마을을 전국적으로 유명하게 만든 것이 '에너지 자립 마을'이다. 이 마을이 속한 부안에서는 지난 2000년대 초에 핵폐기물 처분장이 이 지역에 들어오는 걸 막으려고 격렬한 반대 운동을 벌인 적이 있다. 그때 이루어진 에너지 문제에 대한 깨달음이 에너지 자립 실천으로 이어졌다.

재생 에너지 개발과 에너지 절약이 두 가지 큰 기둥이다. 먼저 이 마을에서는 2005년에 전국에서 처음으로 시민 발전소인 햇빛 발전소를 세웠다. 가톨릭을 비롯한 지역 종교 지도자들 중심으로 종잣돈을 만들고 마을 주민들도 출자했다. 이름에서 보듯 햇빛 발전소는 태양광으로 전기를 만드는 시설이다. 뿐만 아니라 이 마을에서는 태양열 난방시설과 온수기, 지열로 가동하는 냉난방 시설, 나무펠릿(나무를 가공하는 과정에서 나오는 톱밥이나 아주 잘게 부순 나무토막 따위를 연료 형태로 만든 것) 보일러 등으로 재생 에너지를 만들고 있다. 소형 풍력 발전기, 자전거 발전기, 태양열 조리기 등도 갖추고 있다. 2009년부터는 가정집 백열등 400개를 고효율 제품으로 모두 바꾸었다. 또 멀티탭을 활용한 대기전력 차단, 저소득층 주택 단열 개선 사업 등과 같은 에너지 절약 운동을 펼치고 있다. 이런 노력의 결과로 전기 에너지는 이미 100퍼센트 자립에 성공했다. 여세를 몰아 2015년까지 전기·난방·수송 등을 포함해 마을 전체 사용 에너지의 50퍼센트를 자립하려는 계획을 실천에 옮기고 있다.

이 마을의 가장 큰 특징은 '주민의 자발적 참여'다. 정부 지원을 전혀 받지 않고서도 놀라운 성과를 거두고 있다. 주민들은 농사짓는 방식도 친환경 농업으로 바꾸었다. 그래서 이 마을의 에너지 자립 활동은 농촌, 농민, 환경을 동시에 살리는 마을 공동체 운동이라는 평가를 받는다.

3 개발에 맞서는 골목 공동체

부수지만 말고 고쳐 쓰는 건 어떨까?

우리나라는 흔히 '건설 공화국'이라고 불립니다. '대한민국은 공사 중'이라는 말도 자주 하고요. 실제로, 우리나라는 토목건설 분야가 전체 경제에서 차지하는 비중이 다른 나라에 견주어 비정상적으로 아주 높습니다. 부수고 짓고 또다시 부수고 짓는 풍경을 전국 어딜 가나 늘 볼 수 있지요. 마을도 다르지 않습니다. 특히 도시에서는 더욱 그렇습니다. 이미 있던 마을을 깡그리 밀어 버리고 그 자리에 대규모 고층 아파트 단지를 건설하는 이른바 재개발 사업이 곳곳에서 기승을 부리지요. 그래서 그런 개발의 소용돌이 속에서 그나마 사람 사는 냄새가 남아 있던 오래된 마을이 파괴될 때가 적지 않습니다.

그런데 여기, 그렇게 사라질 위기에 놓였다가 극적으로 되살아난 마을이 있습니다. 개발 바람을 뚫고 단순히 살아남았을 뿐만 아니라 새롭게 마을 공동체를 꾸려 가고 있는 곳이지요. 서울 성북구 삼선동에 있는 장수 마을이 그곳입니다. 수많은 도시와 마을을 휩쓸고 있는 재개발 광풍은 이 마을도 비켜 가지 않았습니다. 장수 마을 또한 지난 2004년에 주택 재개발 사업 예정 지역으로 지정되었지요. 그런데 여기선 사업이 제대로 추진되지 못했습니다. 이 마을의 독특한 지리적 특성과 주민들의 어려운 경제적 사정 탓이었습니다.

장수 마을은 서울 성곽(조선을 세운 태조 이성계가 서울의 옛 이름인 한양에 도읍을 정한 뒤 한양 둘레에 쌓은 약 18킬로미터에 이르는 성곽) 바로 밑, 기울기가 아주 가파른 구릉지에 자리 잡고 있습니다. 그런데 서울 성곽은 사적 제10호로서 함부로 훼손해서는 안 되는 중요한 문화 유적지입니다. 게다가 서울 유형 문화재 제37호인 '삼군부 총무당'이라는 문화재도 아주 가까이에 있습니다. 유적이나 문화재가 가까이 있으면 개발 사업에 제한을 받게 됩니다. 건물 높이를 몇 층 이상 올려서는 안 되는 규정 같은 것들이 대표적이지요. 여기서도 그랬습니다. 그러니 아파트 공사를 맡은 건설회사 입장에서도 버거울 수밖에 없었습니다. 규정에 따르면 아파트 높이가 제한을 받는데 아파트를 높이 올

서울 성곽 밑 가파른 구릉에 자리 잡은 눈 덮힌 장수 마을의 전경.

리지 못하면 그만큼 이익이 줄어드는 탓에 사업을 밀어붙일 이유를 딱히 찾을 수 없었던 거지요.

게다가 이 마을은 전체 땅의 상당 부분이 국공유지(국가나 지방자치단체가 소유하고 있는 토지)인 데다 무허가 주택도 많습니다. 이런 여러 가지 요인이 겹쳐 여기선 대규모 아파트 단지 건설이라는 기존 재개발 방식을 추진하기가 쉽지 않았습니다. 그래서 결국 2008년 즈음에 부수고 새로 짓는 획일적 재개발이 아니라 있는 것을 고쳐 쓰는 방식으로 마을을 새롭게 가꾸어 보자는 쪽으로 의견을 모으게 됩니다.

장수 마을에는 지금 200여 가구가 살고 있습니다. 그 가운데 50년이 넘은 주택이 150여 채나 됩니다. 자기 집을 가진 사람보다는 세 들어 사는 사람이 많고요. 65세가 넘은 노인이 전체 주민의 절반을 넘고, 대부분 주민이 30~40년이 넘도록 이 마을에서 살아 왔습니다. 한마디로 가난하고 낡고 오래된 마을인 셈이지요. 이런 마을이 일단 재개발 위기에서 벗어나자 새로운 대안적 개발 방식을 이 마을에 적용해 보자는 움직임이 일게 되었습니다. 나아가 이 기회에 마을 공동체의 또 다른 길과 새로운 틀을 개척해 보자는 쪽으로 사람들의 뜻이 모이게 되었지요. 다행스럽게 시민운동을 하는 사람들도 이런 뜻에 공감해 힘과 지혜를 보태게 되었고요.

본격적인 활동이 시작된 건 2010년부터입니다. 주민 모임이 꾸려졌고, 빈집을 활용해 텃밭을 일구기 시작했습니다. 낡은 집을 고치는 데 필요한 집수리 기술을 가르치는 마을 학교도 열었습니다. 마침 근처에 있는 대학교에서 미술을 전공한 학생들도 소식을 듣고서 선뜻 도움의 손길을 내밀었습니다. 100여 명의 학생이 찾아와서 이 마을 20여 가구의 담벼락과 골목길, 계단에 그림을 그려 허름하고 우중충한 분위기였던 마을에 화사한 생기를 불어넣었지요. 이런 일을 진행하는 과정에서 특히 중요한 구실을 한 것은 '동네목수'라는 이름의 집수리

전문 마을기업입니다. 이것을 연 사람은 마을 주민 가운데 건축 공사나 집 짓는 일에 참여해 본 경험이 있는 사람들을 모아 집을 고치기 시작했습니다. 지붕, 화장실, 수도도 고치고, 골목에는 평상을 만들어 가져다 놓았습니다. 빈집을 수리해 임대주택, 마을 쉼터, 마을 카페 같은 것으로 개조하기도 했고요. 이처럼 '동네목수'는 집을 부수고 새로 짓는 대신 망가진 곳을 고쳐서 다시 쓰도록 하는 일을 주로 하는 곳입니다. 마을 사람 여러 명이 정규직으로 여기서 일하고 있으니, 가난한 마을에 일자리를 만들어 내는 구실도 하고요.

골목이 빚어내는 독특한 빛깔

그런데 이 '동네목수'가 만들어지고 여러 활동을 펼치게 된 바탕에는 중요한 문제의식이 깔려 있습니다. 수많은 도시에서 벌어지는 재개발 사업은 사실 부동산 투기와도 깊은 관계가 있습니다. 재개발로 생겨나는 아파트를 돈 많은 사람들이 사 놓고서 나중에 가격이 올랐을 때 되팔아 손쉽게 큰돈을 번다는 얘기지요. 하지만 이에 반해 세 들어 사는 가난한 서민은 큰 고통에 시달립니다. 자기 집을 마련하기는커녕 정든 마을에서 밀려나기 일쑤니까요. 이런 상황에서 적절한 집에서 안정적으로 살 권리, 곧 주거권이 얼마나 중요한지에 대한 공감대가 이뤄졌습니다. 이에 따라 기존 마을을 보존하면서도 주민들이 좀 더 살기 좋게 개선하는 대안적 개발 움직임이 활발해지게 되었지요.

장수 마을도 이런 움직임의 연장선에 놓여 있습니다. 처음 시작할 때만 해도 집수리를 전문으로 하던 '동네목수'가 점차 폭을 넓혀 '마을 살리기' 활동을 펼치게 된 것 또한 비슷한 맥락이고요. 말하자면, 단지 주거 문제를 해결하는 것을 넘어 주민들 생활 전반을 종합적으로 개선할 수 있도록 마을 공동체의 새로운 부활과 재생을 이루자는 얘기지요.

장수 마을에는 6명의 통신원이 있습니다. 이들은 마을 사람들이 서로 소식을 전하고 의견을 나누는 데 '다리'와 '창구' 구실을 합니다. 6개 골목마다 한 명씩 있는 이들은 마을 살리기 활동을 본격적으로 펼칠 때에는 활약이 대단했습니다. 한 달에 여러 차례씩 골목회의를 열어 주민들에게 마을 소식을 알리고 또 주민들의 의견을 모으는 일을 했지요. 마을 살리기 사업이 자리를 잡은 지금은 이 정도로 활발하게 움직이지는 않고 있습니다. 하지만 마을을 보다 멋진 삶의 터전이자 보금자리로 가꾸어 나가는 구실은 그대로 이어지고 있다고 봐야겠지요. 이처럼 장수 마을은 마을 사람 모두를 한곳에 불러 모으는 게 아니라 '골목 사랑방'을 거점으로 하여 마을 공동체 활동을 펼칩니다. 골목이 미로처럼 얽혀 있는 이 마을 특성을 고려하면 꽤 효율적인 방식이라고 할 수 있지요.

이런 활동이 열매를 맺어 장수 마을은 지난 2012년에 서울시의 역사·문화 특화 마을 시범 사업 대상으로 뽑혔습니다. 주민참여형 마을 재생 사업 대상지로도 선정되었고요. 그 결과 낡고 가난했던 이 마을에도 도시가스가 들어오고 하수관 정비도 이루어지게 되었습니다.

이런 과정을 거치면서 지금 장수 마을에는 새로운 활기가 돌고 주민들끼리의 관계도 더욱 깊어지고 있습니다.

오늘날 도시에서는 골목이 거의 대부분 사라졌습니다. 대신에 들어선 것은 사람들 사이를 장벽으로 가르고 나누는 콘크리트 아파트 숲이지요. 그런 골목이 살아 있는 곳이 장수 마을입니다. 이 마을엔 끝이 막힌 막다른 골목도, 한 사람만 겨우 지나다닐 수 있는 비좁은 골목도 많습니다. 하지만 이런 골목에서 사람들은 서로 만나 인사하고 함께 어울립니다. 정과 인심이 흐르는 골목, 도란도란 이야기꽃이 피어나는 골목, 살면서 겪는 슬픔과 기쁨을 이웃끼리 나누는 골목이지요. 이런 골목을 젖줄 삼아 이 마을에선 공동체가 새롭게 살아나고 있습니다. 대도시에서는 좀처럼 찾아보기 어려운 독특한 빛깔의 공동체가 만들어지고 있습니다.

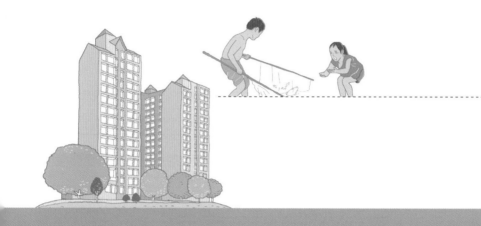

1 우리에게 아파트란 뭘까?

우리나라는 '아파트 공화국'이라 불릴 정도로 아파트가 엄청나게 많습니다. 우리나라 전체 주택 가운데 아파트가 58퍼센트를 넘고, 특히 서울을 비롯한 수도권은 아파트 비율이 80퍼센트를 훌쩍 넘습니다. 세계에서도 유례를 찾아보기 힘들 정도지요.

아파트 단지가 우리나라에 본격적으로 들어서기 시작한 건 대체로 1970~80년대입니다. 급속한 경제성장에 따라 개발 사업이 봇물 터지듯 벌어지던 시절이었지요. 그런데 아파트는 많은 사람에게 그냥 편리하게 사는 집에서 그치지 않았습니다. 단순한 집이 아니라 재산을 불려 주는 아주 효율적인 돈벌이 수단으로 여겨졌습니다. 땅값과

'콘크리트 숲'을
'마을'로 바꾼 아파트

함께 아파트값도 계속 오르니 이전에 싼 값에 산 아파트를 나중에 비싼 값에 팔면 그 차액만큼 가만히 앉아서 돈을 벌 수 있었으니까요. 세월만 흐르면 척척 큰돈을 안겨 주니 수많은 사람이 어떻게든 아파트를 손에 넣으려고 안달복달했지요. 우리나라에 '망국병'이라고까지 일컬어지는 부동산 투기 열풍이 불게 된 데에는 이처럼 아파트가 큰 몫을 차지하고 있습니다.

얼마나 넓고 고급스러운 아파트에 사느냐가 자신의 부와 사회적 지위를 과시하는 잣대가 된 것은 그 당연한 결과입니다. 더군다나 도시 사람들은 여러 가지 이유로 이사를 아주 자주 다닙니다. 그래서 우리 사회에서 아파트는 오랫동안 한곳에 뿌리내리고 안정적으로 생활할 '삶의 보금자리'로 여겨지지 않을 때가 많습니다.

∴ 우리에게 아파트란 무엇일까? 이제 서울은 아파트 숲이라 해도 과언이 아니다.

　이런 상황에서 아파트 주민에게 이웃은, 그리고 마을은 어떤 의미로 다가갈까요? 아파트에서는 이웃이라 해도 서로 잘 알고 친하게 지내는 경우가 아주 드뭅니다. 층간 소음을 둘러싼 분쟁으로 살인 사건이 일어나는가 하면, 아파트 경비원이 입주민의 모욕과 차별에 시달리던 끝에 자살을 하는 비극이 벌어지기까지 하지요. 수많은 주민이 바쁘게들 오가지만 사람들 사이에 깊고 따스한 인간관계는 좀체 만들어지지 않습니다.

　대신에 이런 아파트 공간을 휘감고 있는 것은 개인주의와 물질주의입니다. 사실 생각해 보면 인류 주거 역사에서 일찍이 아파트만큼 사람들이 한곳에 가깝게 밀집해서 산 적은 없습니다. 하지만 옛날 그 어느 때보다 깊은 단절과 고립 속에서 외로움과 이질감을 느끼며 살아가는 공간이 아파트이기도 합니다. 가장 가까우면서도 가장 먼 사이라고나 할까요?•

자 그런데, 이런 삭막한 아파트에도 바야흐로 변화의 바람이 불고 있습니다. 사람 냄새가 사라진 지 오래인 '나 홀로 삶'의 대표 공간인 아파트에서도 제대로 된 마을과 공동체를 만들어 보려는 움직임이 최근 들어 꿈틀거리고 있습니다. 그저 편리하고 안전한 주거 형태, 사생활이 보장되는 공간, 재산을 불리는 효과적인 수단쯤으로 여겨지던 아파트를 '오랫동안 뿌리내리고 살아갈 삶의 보금자리'로 바꾸려는 노력이 이곳저곳에서 이루어지고 있다는 얘기지요. 이를테면, 관리비와 에너지 사용을 줄이거나, 텃밭을 일구고 친환경 농산물 직거래 활동을 벌입니다. 작은 도서관이나 주민 카페, 독서실, 육아방 같은 공간을 만들어 교육과 문화가 어우러지도록 하거나, 노인 등을 비롯한 약자들을 돌보는 활동을 펼치기도 하고요.

물론 이런 움직임은 이제 막 걸음마를 뗀 것에 지나지 않습니다. 또

• **더구나** 아파트와 그 안에 빼곡히 들어찬 각각의 집들은 거의 대부분 성냥갑처럼 똑같은 모습이다. 마치 모두가 똑같은 데서 살아야 한다는 듯 획일적이고 표준화된 생활방식을 강요받는 느낌이 들 정도다. 그래서 아파트는 그 안에 사는 사람들의 다양한 개성이나 취향을 억누르는 주거 형태이기도 하다. 집이란 본디 거기서 살아가는 사람들의 '표정'이 다채롭게 드러나는 '삶의 얼굴'이기도 한데 말이다. 그리고 보면 아파트는 경제성장과 개발이라는 획일적인 깃발 아래 산업화·근대화·도시화의 외길을 직진으로만 내달려 온 우리 사회의 자화상이라고 해야 할지도 모른다.

이런 활동을 펼치는 아파트가 아직은 드뭅니다. 하지만 '시작이 반'입니다. 특히 아파트에 사는 사람들 비중이 아주 높은 도시에서는 아파트의 변화가 도시 전체를 바꾸는 데 큰 구실을 할 수도 있습니다. 아파트 공동체 운동이 아파트 주민들의 삶을 바꾸는 것을 넘어 더 중요한 의미를 띠는 까닭이 여기에 있습니다.

2 아파트도 이렇게 바꿀 수 있다

독서실에서 도시농업까지

이런 새로운 움직임을 가장 잘 보여 주는 곳 가운데 하나가 서울 노원구 중계동에 있는 청구 3차 아파트입니다. 이 아파트가 자리한 중계동은 '강북의 대치동'이라고 불리기도 하는 곳입니다. 이른바 '명문' 학교와 유명 학원들이 빼곡히 모여 있다는 뜻이지요. 그래서 이곳에는 초중고 학생들이 많이 삽니다. 또 자기 집을 소유한 비율이 70퍼센트 이상인 걸 보면 소득수준도 높은 편이라고 할 수 있고요. 그런데 이런 곳에서 요즘 마을 공동체의 기운이 널리 퍼지고 있습니다.

공동체 실험의 첫 시작은 독서실 프로젝트였습니다. 아이들이 공부할 독서실을 아파트 안에 마련하자는 것이었지요. 아이들 교육에 관심이 높은 곳인 만큼 다들 크게 반겼습니다. 독서실 공간은 입주자 대표실과 관리사무소를 합쳐서 마련했고, 거기에 7개 열람실과 83개

좌석을 만들었습니다. 80퍼센트가 넘는 압도적인 주민 동의를 얻어 지난 2009년 6월에 문을 연 이 독서실은 새벽 2시까지 운영하고, 1년에 설날과 추석 딱 이틀만 쉰다고 합니다.

독서실을 갖춘 아파트가 없는 건 아닙니다. 하지만 보통은 공간 자체가 비좁은 데다 휑뎅그렁하게 책상만 갖다 놓는 경우가 대부분이지요. 이와는 달리 이 아파트에서는 학생들은 공부에 열중할 수 있도록, 학부모들은 안심하고 자녀들을 보낼 수 있도록 독서실을 세심하게 운영했습니다. 관리도 철저히 했고요. 주민 5명이 돌아가면서 그 일을 맡아 했지요. 그 결과 이 아파트 독서실은 '인기 폭발'입니다. 평균 대기자가 40~50명에 이르러 독서실에 자리를 얻으려면 1년이나 기다려야 할 정도라지요.

이렇게 독서실 프로젝트가 성공을 거두자 주민들은 점차 신이 났습니다. 다음 사업과 활동에 대한 제안들이 다양하게 쏟아졌지요. 그러다 토론 결과 추진하기로 의견을 모은 것은 음식물 쓰레기 자원화 사업, 옥상 텃밭을 비롯한 도시농업 사업, 도서관 운영, 관리비와 에너지 줄이기 사업 등이었습니다.

그 가운데서도 음식물 쓰레기 자원화 사업을 벌이는 마을기업의 활약이 가장 두드러집니다. 핵심은 친환경 유용 미생물(EM: Effective Micro-organisms) 발효액(효모, 유산균, 누룩균 등과 같이 자연과 사람에 이로운 여러 미생물을 섞어서 만드는 것으로, 악취를 없애고 물을 깨끗하게 하며 금속이나 식품을 보존하는 데 큰 효과가 있는 것으로 알려져 있다)을 만드는 일입니

∴ 서울 노원구 중계동 청구 3차 아파트 마을기업은 친환경 유용 미생물 발효액을
  직접 만들고 판매한다.

다. 이 사업은 처음에 음식물 쓰레기를 어떻게 하면 잘 처리할지를 고
민하다 시작되었습니다. 이 발효액이 쓰레기에서 풍기는 악취를 없
애는 데 효과가 있기 때문이지요.

주민들이 만든 발효액은 달마다 열리는 마을 장터에서 한 병당
1000원에 팔거나 노원구청에 납품합니다. 구청에서는 이 발효액을
인근 하천에 뿌려 물을 깨끗하게 만드는 데 사용하고요. 장애인 자활
단체와 손잡고 이 발효액으로 세탁비누를 만들기도 하고, 음식물 쓰

∴ 주민들은 단지 내 빈터와 건물 옥상을 텃밭으로 활용한다. 자신들이 직접 만든 친환경 유용 미생물 발효액을 농작물 생산에 활용한다.

레기와 발효액을 섞어 퇴비를 만든 뒤 아파트와 관계를 맺고 있는 농가에 보내기도 합니다.

이런 활동 덕분에 여기 주민들은 음식물 쓰레기도 친환경적으로 처리하고, 경제적으로 이득도 보며, 사회적으로 보람 있는 일도 벌일 수 있게 되었습니다. 이처럼 서로 힘을 합쳐 공동 사업을 펼치니 그 과정에서 주민들이 서로 자주 만나고 친해지는 건 당연한 일이고요.

아파트 곳곳에 만든 텃밭도 이곳의 자랑거리입니다. 아파트 단지

∴ 청구 3차 아파트에서는 아파트 지하에 모아 둔 빗물을 이용해 아파트 내 화단 텃밭에 물을 준다.

안 군데군데 있는 빈터와 건물 옥상이 텃밭이 들어선 주요 자리들이지요. 여기서는 EM 발효액으로 만든 퇴비를 뿌리고, 빗물 탱크를 설치해 여기에 모인 물로 농사를 짓습니다. 나아가 농촌의 농민들과 자매결연을 해 여러 채소와 과일 등을 직거래하기도 하고, 서로 농사 경험을 주고받기도 합니다. 도시농업의 훌륭한 본보기라 할 만하지요.

이렇게 공동체적 분위기가 높아지면서 이 아파트 주민들은 최근 들어 더 큰 꿈을 키워 가고 있습니다. 아예 아파트 생활협동조합으로의 전환을 준비하는 게 그것입니다. 자매결연을 한 농촌 생산자들과의 관계를 더욱 탄탄히 발전시켜, 주민이 만든 EM 발효액으로 농작물을 생산하고 그렇게 생산된 먹거리를 아파트 주민들이 사는 협동조합 시스템을 만들겠다는 거지요. 농민 생산자와 주민이 함께 조합원으로 참여하고, 수익금 일부는 아파트 전체를 위한 일에 요긴하게 쓸 계획이고요.

작은 씨앗, 우람한 나무

여기 사람들은 이렇게 '콘크리트 숲' 아파트를 '마을'로 바꾸고 있습니다. 이기주의와 개인주의, 서로에 대한 무관심, 물질주의가 판치기 마련인 아파트에서 사람 냄새 솔솔 풍기는 공동체를 일구고 있습니다. 아파트 단지라는 주거 조건에서 사람들을 모으고 서로 다른 의견과 이해관계를 민주적으로 조율하는 것은 결코 쉬운 일이 아닙니다. 하지만 이곳 주민들은 가장 쉽게 의견을 모을 수 있는 일, 곧 대다수가 자녀 교육에 큰 정성을 쏟는 만큼 아이들 공부와 직결되는 독서실 운영에서부터 공동체 활동의 '판'을 벌이기 시작했습니다.

하지만 이 작은 일을 계기로 이곳 사람들은 어떤 일을 이웃과 함께 공동으로 벌이는 데서 오는 즐거움과 보람을 체험할 수 있었습니다. 또한, 아무리 아파트라지만 서로 친하게 어우러지면서 힘을 합칠 때 공동의 필요와 욕구를 더 손쉽게 해결할 수 있다는 사실도 깨달았습니다. 그러자 '작은 성공'은 곧바로 또 다른 활동을 벌일 수 있는 밑거름이 되었습니다. 또한 그렇게 연쇄적으로 다양한 활동 경험이 쌓이면서 주민들의 공동체적 결속은 더욱 강력해졌습니다. 공동체적 생활이 선사해 주는 새로운 '맛'과 '재미'에 서서히 빠져든 거지요.

공동체 탄생의 비결이자 공동체 발전의 원동력 가운데 하나를 여기서 찾을 수 있습니다. 비록 작은 일에서 시작하더라도 그것은 얼마든지 공동체라는 우람한 나무를 싹 틔우는 씨앗이 될 수 있습니다. 삭막한 아파트를 '사람 사는 마을'로 바꾸고 있는 서울 중계동 청구 아파트 사람들이 전하는 뜻 깊은 메시지입니다.

실제로 아파트 공동체 활동 사례들을 살펴보면 보통 낮은 단계에서 높은 단계로 발전하는 나름의 순서를 밟는다. 대개는 관리비를 절약하거나 관리 규약 같은 걸 주민 편의에 맞게 고치는 자치관리 운동에서 시작한다. 그다음엔 대체로 생활문화 운동으로 연결된다. 취미 활동을 이웃과 함께하거나, 문화교실이나 교양교실을 열거나, 쓰레기 재활용이나 '아나바다(아껴 쓰고 나눠 쓰고 바꿔 쓰고 다시 쓰자)' 활동을 벌이거나, 녹색 장터나 알뜰시장을 여는 것 등이 여기에 포함된다. 그러다 이윽고 때가 되면 좀 더 본격적인 아파트 공동체 운동으로 나아간다. 농산물을 주민들이 공동으로 사는 일, 주민 공동의 공간이나 자산을 만들어 나가는 일, 뭔가를 공동으로 생산하는 일 등이 이 단계의 대표적 활동들이다. 요컨대, 주민 이익을 지키고 넓히는 좁은 의미의 차원에서 아파트 공동체 전체의 사회적 가치와 의미를 실현하는 차원으로 활동 수준이 점차로 높아지는 것이다. 청구 아파트 사례가 이를 잘 보여 준다.

우리나라 도시 공동체 운동의 역사

알고 보면 우리나라 도시에서 공동체 운동이 시작된 건 최근이 아니다. 뿌리를 더듬으면 1960~70년대까지 거슬러 올라간다. 이 시기는 급속한 산업화와 근대화 바람이 온 나라를 휩쓸던 때다. 수많은 사람이 농촌을 떠나 서울을 비롯한 대도시로 몰려들었다. 그러자 정부는 급격히 커지고 복잡해지는 도시 공간을 정비하려고 도심 재개발 사업을 펼쳤다. 그렇게 해서 마구 생겨난 것이 도시 곳곳 변두리 지역의 빈민촌이다. 여기에 농촌에서 올라온 사람들과 가난한 사람들이 대거 몰려들었다. 이른바 '달동네'니 '판자촌'이니 하는 도시 빈민 주거지가 형성된 배경이다. 당시 이런 상황에서 시작된 것이 도시 빈민들의 자활과 자립과 자치를 이루고자 하는 공동체 운동 실험이었다. 같은 처지의 이웃들과 힘을 합쳐 힘들고 고달픈 생활을 함께 이겨 내려는 도시 빈민들의 자구적인 움직임이었던 셈이다.

∴ 도시 빈민 주거지의 대표적 형태인 판자촌. 이것은 도시 빈민들의 자활과 자립을 위한 공동체 운동의 실험장이기도 했다.

이런 흐름은 1980년대 이후 도시 빈민들의 생존권을 지키려는 싸움으로 이어졌다. 이는 당시 군사독재 권력이 밀어붙이던 빈민촌 강제 철거와 강제 이주에 맞선 저항의 몸부림이었다. 그때 정부는 빈민촌을 싹 없애고 도시 곳곳에 대규모 아파트 단지 등을 건설하는 재개발 사업을 대대적으로 펼쳤다. 그런데 그 방식이 아주 폭력적이고 일방적이었다. 힘없는 도시 빈민들은 강제로 정든 집에서 쫓겨나기 일쑤였고, 저항하는 사람들은 무참하게 짓밟혔다. 하지만 당시는 우리 사회에 민주화 운동이 들불처럼 번져 나가던 시기이기도 했다. 그 과정에서 자연스럽게 도시 빈민 운동은 노동운동, 농민운동 등과 함께 민주화 운동의 중요한 한 축을 이루게 되었다. 가난한 사람들끼리 서로 연대하여 힘든 생활을 헤쳐 나가려고 시작했던 도시 빈민의 소박한 공동체 운동이 우리 사회에 민주주의를 앞당기는 역사적 구실까지 떠맡게 된 것이다.

도시 공동체 운동은 1990년대 들어 또 다른 변신을 하게 된다. 이 시기에는 생활에서 느끼는 구체적인 필요나 욕구를 주변 사람들과 함께 해결하자는 생활 공동체 운동이 부쩍 활발해졌다. 이는 지역 주민이 주체가 되어 아래에서부터 일상의 문제를 풀어 나가려는 풀뿌리 운동이라고 할 수 있다. 여기서 큰 공을 세운 것은 친환경 농산물을 연결고리로 농민 생산자와 도시 소비자가 만나는 생활협동조합(생협) 운동이었다. 당시 생협 운동은 안전하고 깨끗한 먹거리와 이른바 '웰빙(well-being, 참살이)'을 소중히 여기는 시대 흐름과 맞물려 많은 사람의 관심과 참여를 이끌어 냈다. 생협에 참여한 사람들은 특히 이웃과 함께하는 일상적인 활동을 다양하게 펼침으로써 생활 자치 운동의 기반을 닦았다. 이런 움직임은 1990년대 당시 이루어진 민주화의 진전, 시민운동의 발전, 지방자치 실시 등과도 서로 영향을 주고받으며 발전을 거듭하게 된다.

2000년대에 접어든 이후, 특히 최근 들어 마을 공동체가 '뜨게' 된 데에는 이런 배경과 맥락이 깔려 있다. 마을 공동체는 우리 사회에서 그동안 오랫동안 이어져 온 공동체 운동과 민주화 운동과 시민운동의 발전, 그리고 그 과정에서 이루어진 시민의식 성숙의 연장선에 있다. 공동체는 역사의 산물이다.

사람들이 서로에 대한 믿음과 간절한 소망으로 서로 어깨동무하며 모일 때, 그곳에서 협동조합은 새로운 길을 열어 주었습니다. 흩어진 개인으로는 약자였지만 그 약자들이 모여서 뭉치니 강력한 힘을 발휘할 수 있었습니다. 우정과 연대와 협력의 힘으로 열어 가는 그 새로운 길에서 사람들은 삶의 행복과 만족을 맛보기도 하고, 이전에는 잘 몰랐던 '관계'와 공동체의 소중함을 깨닫기도 합니다.

3부

새로운 미래의 열쇠, 협동조합

1 수많은 사람의 오래된 친구, 협동조합

지금까지 이 책에는 '협동조합'이란 말이 여러 번 등장했습니다. 그래서 아마도, 협동조합에 대한 이야기를 별도로 하지는 않았지만 협동조합에 대해 어렴풋하게라도 '감'은 잡고 있지 않을까 싶습니다. 공동체를 얘기하는 자리에서 협동조합이 자주 거론됐다는 것은 뭘 뜻할까요? 그렇습니다. 그만큼 공동체와 관련한 논의나 실천에서 협동조합이 큰 비중을 차지하고 중요한 의미를 지닌다는 얘기지요.

아니나 다를까, 공동체가 인기를 끄는 것처럼 최근 들어 우리나라에는 협동조합 바람이 뜨겁게 불고 있습니다. 협동조합으로 집을 짓고 병원을 세웁니다. 무너지는 골목 상권을 살리려고 동네 슈퍼나 동

1장

모두가
고루 잘사는 길

네 빵집 주인들이 힘을 합쳐 협동조합을 결성하기도 합니다. 다니던 회사에서 부당하게 쫓겨나거나 그만둔 사람들이 공동 출자하여 협동조합 기업을 세우기도 하고, 일반 주식회사 형태의 기업이 협동조합으로 탈바꿈하기도 합니다. 잘나가던 언론사가 협동조합으로 변신하고 문화예술인들이 새로운 예술 교육을 내걸고 협동조합을 만드는가 하면, 지식 협동조합과 번역가 협동조합도 있고, 협동조합 출판사도 있습니다.

가히 '대유행'이라 할 만합니다. 특히 지난 2012년 12월부터 '협동조합기본법'이 시행되면서 협동조합은 날개를 달았습니다. 이 법에 따라 이제는 누구나 5명만 모이면 금융과 보험을 뺀 모든 업종과 분야에서 협동조합을 자유롭게 만들 수 있게 됐으니까요. 이 법이 시행된 지 불과 2년 만에 6000여 개의 협동조합이 만들어졌지요.

하지만 우리 사회의 협동조합 움직임은 나라 바깥으로 눈을 돌려보면 아직도 상당히 미흡하고 뒤떨어진 편입니다. 세계를 둘러보면 협동조합이 한 나라나 지역의 전체 경제에서 커다란 비중을 차지하면서 눈부신 활약을 펼치는 곳이 아주 많습니다. 또 온 세계 사람들에게 널리 알려질 정도로 유명한 협동조합도 많고요. 심지어는 협동조합들이 모여서 하나의 도시를 이룬 곳도 있습니다.

그런 대표적인 보기들만 간략하게 살펴볼까요? 세계 최고의 축구 클럽으로 둘째가라면 서러워할 스페인의 FC바르셀로나, 고급 오렌지의 대명사로 불리는 미국의 썬키스트, 세계 4대 통신사 가운데 하나인 미국의 AP통신이 모두 협동조합입니다. 이탈리아 북동부 에밀리아로마냐 주에서는 협동조합이 전체 경제의 3분의1을 떠받치고 있습니다. 스위스에서는 사람들이 갖가지 물품을 사는 전체 소매시장의 40퍼센트를 두 개의 협동조합이 장악하고 있습니다. 우리로 치면 이마트와 홈플러스가 모두 협동조합이라고 생각하면 되지요. 스페인 몬드라곤은 협동조합 도시로 유명한 곳입니다. 이 협동조합 그

• 그 밖에도 수많은 협동조합이 새롭게 생겨나고 있다. 대안학교 협동조합, 은퇴자 협동조합, 재생 에너지 협동조합, 아파트 협동조합 등이 대표적이다. 대리운전 기사, 택배 기사, 학습지 교사 등도 협동조합 대열에서 빠지지 않는다. 장례식과 결혼식을 전문으로 다루는 협동조합, 전통 술을 보다 널리 보급하기 위한 협동조합, 외국에서 온 이주 노동자를 위한 식당을 운영하는 협동조합, 의류 재활용 사업을 벌이는 협동조합, 도시농업 확산 운동을 펼치는 협동조합, 치매 노인을 돌보는 협동조합 등도 있다. 협동조합은 분야와 영역을 가리지 않고 누구나 만들 수 있다.

룹에 속한 회사 수가 260개에 이르는데, 스페인 전체를 통틀어 매출액이 9위에 이르는 거대한 기업 집단을 이루고 있습니다.

프랑스와 네덜란드의 가장 큰 은행 또한 협동조합입니다. 유럽에서 가장 큰 과일·채소 도매회사도, 이탈리아에서 가장 큰 우유 생산업체도, 덴마크 돼지고기 산업의 90퍼센트를 차지하고 있는 업체도, 뉴질랜드 경제의 쌍두마차인 낙농업과 키위 산업을 도맡고 있는 것도 모두 협동조합입니다. 캐나다 퀘벡 주는 협동조합 중심의 사회적 경제가 지역경제의 심장 구실을 하면서 지역 전체를 건강하게 이끌고 있습니다.

∴ 세계 4대 통신사 가운데 하나인 AP통신 또한 협동조합이다.

실제로 지금 전 세계에는 협동조합에 가입한 조합원 수가 10억 명에 이릅니다. 세계 전체 인구가 70억 명이니 온 세상 사람들 7명 가운데 1명은 협동조합에 참여하고 있는 셈이지요. 협동조합에서 직접 일하는 사람만 해도 1억 명입니다. 이는 내로라하는 세계적 다국적 기업들이 만들어 내는 전체 일자리보다 20퍼센트나 높은 수치입니다. 이처럼 협동조합은 우리나라에서는 이제 막 기지개를 켜고 있지만

세계 전체로는 이미 오래전부터 수많은 나라의 경제와 사람들의 일상생활 속에 아주 친숙하게, 그리고 강력하게 뿌리내리고 있습니다. 자 그럼, 협동조합이 도대체 뭐길래 이렇게 인기를 끌까요? 협동조합이 무슨 일을 어떻게 하길래 세계 곳곳에서 그렇게 중대한 역할을 맡고 있을까요? 또 이 책의 주제인 공동체와 협동조합은 어떤 관계가 있을까요?

2 협동조합이란 뭘까?

협동조합을 간단히 얘기하면 우선은 그냥 기업의 일종이라고 쉽게 생각하면 됩니다. 하지만 협동조합은 기업이긴 한데 일반적으로 흔히 보는 기업과는 목적, 운영 원리, 형태 등이 다릅니다. 일반적인 자본주의 기업은 최대한 돈을 많이 버는 것, 즉 이윤 극대화를 가장 큰 목적으로 삼습니다. 하지만 협동조합은 '모두가 더불어 행복해지는 것'을 중요하게 여깁니다. '돈'이 아니라 '사람'을 소중히 여긴다는 얘기지요. 또 일반 기업에서는 경쟁과 효율을 매우 중시하고 일의 성과를 많이 올리지 않으면 안 됩니다. 이에 비해 협동조합은 서로 돕고 협동하는 것을 가장 중요한 가치로 여깁니다. 효율과 성과를 높이는 건 물론 필요하지만 그것이 너무 지나쳐서 그보다 더 소중한 가치를 훼손해서는 안 된다고 여기는 게 협동조합입니다.

또한 일반 기업에서는 자본을 투자한 사람이 주인입니다. 가장 보편적인 기업 형태인 주식회사에선 이런 투자자를 '주주'라 부르지요. 이런 투자자들과 흔히 회장, 사장 등으로 불리는 극소수 최고 경영자들이 주인 노릇하는 곳이 자본주의 경제 시스템 아래서의 보통 기업입니다. 반면에 협동조합에서는 참여한 사람, 곧 조합원 모두가 주인입니다. 그래서 조합원 모두가 똑같은 자격과 권리를 가지고 경영에 참여합니다. 어떤 중요한 의사 결정을 할 때 모든 조합원은 똑같이 '한 표'씩의 권리를 행사하지요. 이른바 '1인 1표 민주주의'입니다.

그래서 협동조합은 대개 이렇게 만들어집니다. 예컨대, 좋은 일자리에서 오래도록 일하고 싶은 노동자들이 있다고 칩시다. 이들이 모

여 얼마씩의 자금을 공동 출자해 회사를 세우고 그 회사를 1인 1표 민주주의 원칙으로 운영하면 이게 바로 협동조합입니다. 소비자 입장에서는 어떨까요? 많은 소비자는 대형 마트나 백화점 상품의 품질과 가격 등에 불만을 품고 있습니다. 특히 먹거리 같은 경우는 안전성이나 신선도 등의 측면에서 믿지 못할 때가 많지요. 이럴 때 소비자들이 힘을 합쳐 공동으로 출자금을 모아 매장이나 가게를 열면 이 또한 협동조합입니다. 또 다른 예로 생산자를 생각해 볼까요? 농민은 아무리 땀 흘려 농사를 지어도 안정적인 소득을 올리기가 쉽지 않습니다. 힘센 대형 유통업자, 중간 상인, 농산물 관련 기업 등이 이익을 독점하려고 횡포와 농간을 부리는 통에 제값을 받지 못하는 탓입니다. 이에 농민들이 제값을 받고 농산물을 팔기 위해 공동으로 출자금을 모아 회사를 세우면 이 또한 협동조합입니다. 이처럼 협동조합은 노동자, 소비자, 생산자, 소규모 자영업자, 평범한 생활인을 비롯해 절대다수 보통 사람들이 소수의 강자들에게 부당하게 빼앗기고 있는 자기 몫을 지키려고 공동으로 출자해 민주주의와 협동의 원리에 따라 공동으로 운영하는 '공동체형 기업'이라고 할 수 있습니다.

한편, 사업이나 활동으로 생긴 수익을 어떻게 나누는가도 일반 기업과 협동조합의 큰 차이점입니다. 일반 기업에서는 자본을 많이 투자할수록, 높은 자리에 있을수록 돈을 많이 챙겨 갑니다. 이에 견주어 협동조합은 조합원 모두가 합의한 공정한 원칙에 따라 수익을 골고루 나눕니다. 특히 협동조합이 펼치는 사업이나 활동을 이용하고 여기에 참여한 실적에 비례해서 수익이 돌아갑니다. 민주적이고 공정하다는 얘기지요. 또한 일반 기업은 경쟁과 효율을 중시하고 그것을 통해 성장하려고 합니다. 그렇지만 협동조합은 협동과 연대, 나눔과 배려 같은 가치를 바탕으로 사업과 활동을 펼칩니다. 나 혼자만 잘사는 게 아니라 다른 사람과 사회 전체가 잘살도록 애쓰는 게 협동조합이라는 얘기입니다.

이런 게 바로 협동조합입니다. 기업이긴 하지만 기존 기업과는 다른 기업. 그래서 협동조합은 '두 개의 얼굴'을 동시에 지니고 있습니다. 즉, 협동조합은 기존 경제 시스템 안에서 움직이고 경제적 필요를 충족시키고자 한다는 점에서는 기업이자 사업체입니다. 하지만 동시에, 돈벌이 중심 경제를 넘어 좀 더 보편적이고 공적인 목적을 추구합니다. 또 실제로 협동조합 바깥의 사람들과 사회 전체에 긍정적인 효과를 낳는다는 점에서 사회적 성격도 지니고 있습니다. 그래서 경우에 따라서는 사회적 단체 또는 운동체의 모습을 더 강하게 띠는 협동조합도 더러 있습니다.•

• **협동조합들의** 국제적 연합기구인 국제협동조합연맹(ICA)은 협동조합의 정의를 이렇게 밝히고 있다. "협동조합은 공동으로 소유하고 민주적으로 운영되는 사업체를 통해, 그들 공통의 경제적·사회적·문화적 필요와 열망을 충족시키기 위해 자발적으로 결합한 사람들의 자율적 결사체다."

3 모두가 고루 잘사는 '99퍼센트의 경제'

이런 협동조합에 사람들의 관심과 참여가 쏠리게 된 데에는 그럴 만한 배경이 있습니다. 결론부터 말하면 기존 주류 경제에 대한 깊은 반성과 성찰이 그것입니다.

흔히 사람들은 경제라 하면 빠르고 크게 성장하는 게 좋다고 여깁니다. 또 이런 경제성장을 이루려면 경쟁과 효율, 속도 같은 것들이 아주 중요하다고 생각하는 사람도 많지요. 하지만 요즘 이런 식의 경제는 커다란 한계에 부닥치고 있습니다. 무엇보다 경제성장의 열매가 모든 사람에게 골고루 돌아가지 않습니다. 현실은 오히려 그 반대입니다. 여러분도 잘 알다시피 양극화와 불평등이 갈수록 깊어지고 있는 게 지금의 현실입니다. 그 속에서 얼마 안 되는 특정 기업과 사람들에게 경제적 부가 집중되고 있지요. 극심한 경쟁 속에서 '이긴 자'와 '강한 자'가 모든 것을 독차지하는 이른바 '승자 독식', '강자 독식' 현상도 심각합니다.

그래서 아무리 경제가 성장해도 국가와 극소수 대기업만 부자가 될 뿐 사회와 국민 전체가 풍요로워지지는 않습니다. 대학을 졸업해도 일자리를 구하지 못하는 젊은이가 수두룩합니다. 간신히 취직을 하더라도 언제 쫓겨날지 몰라 늘 불안하고 대우도 형편없는 비정규직이기 일쑤입니다. 40~50대 한창 일할 나이에 직장을 잃는 사람도 많지요. 서민들이 많이 운영하는 동네 슈퍼와 동네 빵집을 비롯한 이른바 '골목 상권'과 재래시장 또한 대형 마트를 앞세운 대기업의 공격 앞에서 속수무책입니다.

오늘날 경제는 환경 위기와 에너지 위기를 낳는 주범이기도 합니다. 많이 생산하고 많이 소비하고 많이 버리는 것이 지금 경제의 핵심이기 때문입니다. 지구 온난화가 상징하듯이 모든 경제의 바탕인 자연이 돌이키기 힘들 정도로 망가지고, 현대 산업경제의 가장 중요한 '젖줄'인 석유가 바닥나고 있는 것이 이런 위기를 또렷이 보여 주고 있지요. 이는 곧, 오로지 성장과 개발의 외길을 앞만 보고 내달리는 이제까지의 경제 시스템과 방식은 이제 더 가능하지도 않고 바람직하지도 않다는 얘기이기도 합니다.

왜 이렇게 됐을까요? 한마디로 말하면, 기존 주류 경제와 그 경제의 주역인 자본주의 기업이 추구하는 목적이 '사람'이 아니라 '돈'이기 때문입니다. 기존 경제와 기업을 움직이는 원동력 또한 '사람'이 아니라 '돈'이기 때문입니다.

이런 경제는 건강하지 못합니다. 공정하지 않습니다. 오래가지 못합니다. 전 세계 가톨릭(천주교)을 대표하는 교황마저도 "고삐 풀린 지금의 자본주의 경제는 독재와 다름없다."고 따끔하게 경고할 정도지요. 새로운 경제, 대안의 경제가 필요한 까닭입니다. 사람과 사회, 자연을 모두 망가뜨리는 지금의 주류 자본주의 경제와는 다른 경제를 꿈꾸어야 하고 또 만들어 가야 할 이유가 여기에 있습니다. 소수의 특정 기업과 사람들만 살찌우는 '1퍼센트의 경제'가 아니라 모두가 고루 잘살고 행복해지는 '99퍼센트의 경제'를 꽃피워야 한다는 얘기지요.

여럿이 함께하는 경제. 모두가 골고루 행복한 경제. 돈 중심이 아닌 사람 중심의 경제. 이런 경제를 이끌어 가는 대표주자가 바로 협동조합입니다. 협동조합의 가장 중요한 원리는 "나는 너를 돕고 너는 다른 사람을 돕는다. 이것이 돌고 돌아 결국은 나한테도 도움이 된다."라는 말 속에 정확하게 담겨 있습니다. 남을 돕고 서로 도움으로써 결국은 나 자신을 돕는 것, 곧 '호혜의 정신'이지요. 이런 호혜와 상부상조의 정신, 협동과 연대의 마음가짐이야말로 협동조합이 품고 있는 가장 뛰어난 '비밀 병기'입니다. 우리나라뿐만 아니라 온 세계가 갈수록 깊은 경제 위기와 삶의 위기, 공동체의 위기라는 복합적인 수렁에 빠져들고 있는 오늘날, 그래서 협동조합은 더욱 큰 관심과 주목을 모으고 있습니다.

더 알아볼
이야기

협동조합의 원칙과 종류

국제협동조합연맹은 다음의 7가지 항목을 협동조합의 원칙으로 정하고 있다. 이 원칙은 협동조합 역사에서 시대 변화에 발맞추어 조금씩 바뀌어 오다가 아래 내용으로 굳어졌다.

❶자발적이고 개방적인 조합원 제도: 정치, 종교, 남성과 여성, 인종에 따른 차별을 금지한다. ❷조합원에 의한 민주적 관리: 조합원 한 사람마다 한 표의 권리

를 갖는 이른바 '1인 1표' 원칙에 따라 총회에서나 이사회에서나 모든 조합원은 동등한 투표권을 행사한다. ❸조합원의 경제적 참여: 조합원은 협동조합에 필요한 자본을 만드는 데 공정하게 참여하며 그렇게 만들어진 자본을 민주적으로 통제한다. 사업을 펼친 결과 얻은 수익 중에서 필요한 비용을 빼고 남은 금액, 곧 잉여금은 다음과 같이 나눈다(이를 '잉여금 배당'이라 한다). 첫째, 협동조합의 안정적이고 지속적인 발전을 위해 일부는 조합 내부에 쌓아 나간다. 둘째, 조합원이 조합이 벌이는 사업이나 활동에 얼마나 참여했느냐에 따라 비례적으로 나눈다. 예를 들어 협동조합 매장에서 물품을 많이 살수록 나중에 배당을 많이 받는 식이다. 셋째, 조합원의 동의를 얻어 다른 여러 활동을 지원한다. ❹자율과 독립: 정부 등과 같은 외부 조직과의 관계에서 의존하거나 종속되거나 휘둘리는 게 아니라 자율적이고 독립적이어야 한다. ❺교육, 훈련 및 홍보: 교육과 훈련은 단순히 정보를 전달하고 사업 이용을 독려할 뿐만 아니라 협동조합의 사상과 사업 및 활동을 충분히 이해하도록 마음을 끌어당기는 일이다. 조합 내부는 물론 일반 사람들에게도 협동조합의 성격과 사명을 널리 알리는 게 중요하다. ❻협동조합 간의 협동: 협동조합은 다른 협동조합들과 서로 협력하고 협동해야 한다. ❼지역사회 기여: 협동조합은 조합 자신과 조합원을 넘어 지역사회에 이바지해야 한다.

이 7가지 원칙은 협동조합의 가치를 실천하는 데 필요한 구체적인 지침이라고 할 수 있다. 이런 원칙의 바탕에는 사람에 대한 믿음, 자조(스스로 돕는 것, 곧 자신의 발전을 위해 스스로 애쓰는 것)와 상호부조(서로 돕는 것)에 대한 신뢰, 경제 민주주의와 사회적 책임에 대한 확신 등이 깔려 있다.

한편, 협동조합은 조합원의 성격에 따라 대체로 다음과 같은 다섯 종류로 구분한다. 첫째, 소비자 협동조합. 소비자에게 좋은 물건을 값싸게 공급하는 게 목적이다. 우리나라의 한살림, 아이쿱생협 등이 대표적이다. 생활협동조합, 줄여서 생협이라고도 한다. 둘째, 생산자 협동조합. 이것은 농민의 예를 든다면 농산물 가격이 급격히 오르거나 내리는 것을 막고, 제값에 농산물을 판매하는 게 주요 목적이다. 유통 단계에서 중간 상인의 횡포와 지나친 이익 독점 등에 맞서 농민 스스로 이익을 지키려고 하는 공동 노력의 산물이라고 할 수 있다. 셋째, 금융 협동조합. 금융기관에서 돈을 빌렸을 때는 이자를 덜 내고 돈을 맡겼을 때는 이자를 더 받는 것을 주요 목적으로 한다. 사회적으로 바람직한 일에 투자하는 것도 중요한 일이다. 우리나라에서는 아직까지 금융과 보험 분야 협동조합 설립은 법으로 금지하고 있다. 넷째, 노동자 협동조합. 좋은 일자리를 안정적으로 유지하고 임금을 올리는 것과 같은 노동조건 개선이 목적이다. 다섯째, 사회적 협동조합. 일반적인 협동조합이 일차적으로 조합원의 필요와 소망을 충족하기 위한 것이라면, 이것은 사회적인 필요와 의미가 높은 사업, 곧 사회적인 상호부조와 연대 활동을 우선시한다. 이를테면 장애인 지원, 노인 돌봄, 교육 활동 등을 펼치는 협동조합을 말한다.

4 약자의 무기, 공동체의 주역

협동조합이 세상에 기여하는 방식

그럼, 협동조합은 좀 더 구체적으로 어떤 특성과 장점을 지녔을까요?

먼저 협동조합은 거대 자본의 지배 아래 '극소수의 특권적 독점'이 판치는 기존 경제 시스템 속에서 고통과 희생을 강요당하는 대다수 경제적 약자들이 함께 뭉쳐 자신의 권리와 이익을 지키고 키울 수 있도록 해 주는 '경제 공동체'라고 할 수 있습니다. 이런 맥락에서 보면 협동조합은 우리 시대의 가장 중요한 과제 가운데 하나인 경제 민주화를 앞당기는 데 크게 이바지할 수 있지요.

뿐만 아니라 협동조합은 지역에서, 수많은 사람의 일상 속에서 마음 맞는 사람들, 관심사나 이해관계를 공유하는 사람들을 서로 이어 주고 엮어 주고 묶어 주면서 더불어 어울리게 해 주는 '생활 공동체'이기도 합니다. 협동조합이 마을 공동체와 지역경제를 살리는 주역이라고 평가되는 배경이지요. 아울러 협동조합은 풀뿌리 자율과 자치를 스스로 배우고 실천하고 퍼뜨리는 '민주주의 학교'이자 '민주주의 공동체'이기도 합니다.*

협동조합은 복지에도 크게 이바지합니다. 힘없고 돈 없는 사회경제적 약자들이 협동조합을 통해 생산적이고 의미 있는 일에 직접 참여하는 과정에서 사회적 돌봄을 제공받게 되니까요. 국가가 위에서 아래로 일방적이고 시혜적으로 베푸는 복지를 '국가 복지'라 한다면,

---

* **하나의** 보기로, 1844년 탄생한 세계 최초의 근대적 협동조합인 영국 로치데일 협동조합이 처음부터 여성에게도 똑같이 1인 1표의 권리를 보장했다는 사실을 들 수 있다. 선진국이라 불리는 여러 나라에서 여성에게 투표권을 준 것은 20세기 들어서의 일이다. 이를테면 독일 1918년, 미국 1920년, 영국 1928년 등이다. 즉, 협동조합은 이런 쟁쟁한 나라들보다 훨씬 더 일찍부터 여성에게도 남성과 동등한 권리를 부여해 온 것이다. 이는 곧 협동조합이 역사적으로 민주주의의 선구자이자 개척자이기도 했다는 걸 뜻한다.

이런 복지는 일종의 '사회적 복지', '공동체 복지'라 부름직합니다. 그만큼 건강하고 생산적인 복지라고 할 수 있겠지요. 특히, 요즘처럼 실업난이 심각한 시절에 협동조합은 좋은 일자리를 많이 만들어 내는 측면에서도 대단한 활약을 펼치고 있습니다.

협동조합이 물가 안정을 이루는 데 기여하는 바가 크다는 점도 주목할 만한 대목입니다. 이것을 잘 보여 주는 대표 사례가 우리나라에서 종종 일어나는 '배추 파동'을 둘러싼 이야기입니다. 이를테면, 지난 2010년 9월 배추 한 포기의 시장 가격이 1만 5000원까지 뛰어오른 적이 있습니다. 그런데 이때 우리나라 생협을 대표하는 '한살림'과 '아이쿱' 매장에서는 2000원에 못 미치는 평소 가격 그대로 소비자들에게 배추를 팔았습니다. 이듬해 5월, 이번에는 배추 가격이 졸지에 300원으로 떨어졌습니다. 농민들은 그 가격에 배추를 팔아 봤자 생산비도 못 건지니 피눈물을 쏟으며 밭을 갈아엎었습니다. 하지만 이때도 생협과 거래하던 농민들은 정상적으로 배추를 수확할 수 있었습니다. 생협에서 애초 계약한 대로 한 포기당 1000원의 가격에 배추를 사 주었기 때문이지요.

자 여러분, 소비자가 일반 시장에서는 1만 5000원이나 하는 배추를 협동조합에서는 2000원도 안 되는 가격에 사고, 농민이 일반 시장에 내놓으면 300원밖에 못 받는 것을 협동조합에는 1000원이나 받고 팔 수 있었던 비결은 뭘까요? 비밀의 열쇠는 '가격안정기금'이라고 하는 것입니다. 이게 뭐냐면, 두 생협이 예상치 못한 상황이 갑

자기 발생했을 때를 대비해 평소에 물품이 팔릴 때마다 일정한 금액을 따로 떼어서 모아 두는 돈입니다. 그렇게 미리 준비해 두었다가 농산물 가격이 크게 뛰거나 떨어질 때 이 기금을 풀어 대응하는 거지요. 즉, 이 돈을 활용해 소비자에게 파는 가격은 낮추고 생산자한테서 사들이는 가격은 올림으로써 소비자와 생산자가 모두 이익을 얻도록 하는 것입니다. 이처럼 생산자와 소비자 모두에게 이익과 혜택을 주고 더불어 잘살도록 하는 것, 그러면서 사회적으로 물가를 안정시키고 경제를 건강하게 만드는 것, 바로 이것이 협동조합이 하는 또 하나의 중요한 일입니다.

모두가 고루 잘사는 비결, 협동

협동조합은 공동체와의 관계에서도 장점이 두드러집니다. 다양한 사례를 살펴보면, 협동조합은 공동체와 공동체적 삶이라는 자양분 속에서 가장 잘 태어나고 튼튼하게 자라난다는 사실을 어김없이 확인할 수 있습니다. 협동조합의 가장 비옥한 토대는 연대와 우정과 협력의 인간관계, 그리고 그런 사람들로 이루어진 건강한 공동체입니다.

공동의 목표를 이루려고 뜻과 꿈과 힘을 하나로 모아 나가는 과정에서 탄생하는 게 협동조합이니까요. 또 바로 그런 게 공동체이기도 하니까요.

협동조합은 나아가, 자기 자신이 공동체인 동시에 다른 공동체를 살찌우고 되살리기도 합니다. 뒤이어 펼쳐질 여러 협동조합 사례 이야기에서 확인할 수 있듯이, 협동조합은 마을, 지역, 나라 등을 비롯해 자기가 있는 곳이 어디든 공동체적 관계와 활동을 살려 내는 데 큰 구실을 합니다. 예를 들어, 협동조합 활동이 왕성한 덕분에 그 협동조합이 속한 지역의 경제가 건강하게 잘 돌아간다면 협동조합이 그 지역에 공동체를 되살리는 일을 하는 셈이 되는 거지요. 이처럼 공동체가 살아 있으면 협동조합도 살아납니다. 협동조합이 융성하면 공동체도 번창합니다. 공동체를 주제로 삼은 이 책에서 협동조합을 비중 있게 다루는 이유 가운데 하나가 여기에 있습니다.

여기까지 듣고 보니 어떤가요? 이제 협동조합의 윤곽과 뼈대가 그려지나요? 오늘날 협동조합은 우리에게 새로운 깨달음을 안겨 주고 있습니다. 서로 돕고 협동하는 것이 모두가 고르게 잘살 수 있는 가장 훌륭한 방법이라는 것, 공동체적 힘과 지혜야말로 약자의 가장 강력한 '무기'이자 새로운 미래를 열 수 있는 '열쇠'라는 것이 그것입니다.

1 생협, 생활 속에서 세상과 사람을 바꾸다

생협의 꿈과 활약상

좀 전에 세계 인구 70억 명 가운데 10억 명이 협동조합 조합원이라고 얘기했습니다. 비율로 따지면 세계 전체 인구의 14퍼센트가 조금 넘는 셈이지요. 이에 견주어 우리나라에서 협동조합에 가입해 활동하는 사람은 2퍼센트에 지나지 않습니다. 아직은 많이 미흡하지요.

물론 우리 주변에 농협이나 수협 같은 거대한 협동조합 조직이 있긴 합니다. 그러나 이것들은 협동조합이라는 껍데기만 걸치고 있을 뿐 진정한 협동조합이라고 할 수 없습니다. 협동조합의 생명인 조합원의 자발적인 참여와 민주적인 운영, 사회에 대한 이바지 같은 건 찾

우리 사회의 새바람, 협동조합

아보기 어려운 그저 그런 일반 금융기관일 뿐이니까요. 오히려 우리나라 협동조합의 대표주자는 단연 소비자 생활협동조합, 곧 생협입니다. 한살림, 아이쿱, 두레, 행복중심(옛 여성민우회 생협) 등을 비롯한 생협이 먹거리 문제를 중심으로 활발한 활동을 펼쳐 왔지요. 우리나라 국민의 1.5퍼센트가량의 협동조합 조합원 가운데 대다수가 이들 생협 회원이라고 할 수 있습니다.

생협의 전통적인 핵심 활동은 친환경 농산물 직거래입니다. 생협

• **특히** 농협은 처음 태어날 때부터 농민을 위한 게 아니라 정부가 위로부터 일방적으로 만들어서 손아귀에 쥐고 있는 행정기관과 다름없었다. 단적인 보기로, 1961년 처음 만들어진 이후 조합장을 직선으로 뽑는 제도가 도입된 1990년까지 30년 동안은 농협 중앙회장과 지역의 단위 조합장을 모두 정부가 임명했다. 탄생, 역사, 운영 구조와 방식, 사업 내용 등 모든 측면에서 농협은 제대로 된 협동조합이라고 할 수 없다.

을 통해 소비자들은 안전하고 신선한 농산물을 공급받습니다. 농민 생산자들은 생협이 이윤과 경비를 최소한으로 줄이는 덕분에 '좋은 가격'을 보장받습니다. 생협으로 맺어진 관계 속에서, 서로에 대한 믿음을 바탕으로 서로의 필요와 욕구를 채워 주는 거지요.

하지만 생협의 꿈은 여기서 더 나아갑니다. 먹거리 문제를 넘어 우리 생활 전반에 걸친 다양한 문제들을 협동의 힘으로 개선하고 해결하기 위해 일반 소비자, 곧 평범한 생활인들이 힘을 모아 자조와 자치와 자립을 추구하는 것이 그것입니다. 즉, 생활에서 맞닥뜨리는 여러 문제를 여럿이 함께 의논하고, 힘을 합쳐 해결하고, 그 과정에서 쌓인 신뢰와 정으로 일상생활을 더 풍요롭고 행복하게 가꾸어 나가는 생활 공동체를 이루고자 한다는 얘기지요.

그래서 이런 마음이나 문제의식을 갖춘 생협 조합원들은 자기가 사는 곳에서 모임 같은 걸 열려고 애를 씁니다. 처음에는 같은 조합원이라는 공통점이 연결고리가 되어 모임이 이루어지겠지요. 하지만 모임이 거듭될수록 관계가 깊어지고, 그에 따라 자연스럽게 이웃에 대한 관심이 높아지게 됩니다. 그러면서 우리가 사는 마을과 지역, 나아가 사회와 이 세상에 대한 고민을 함께 나누게 됩니다. 이런 활동과 경험이 쌓이면서 점차 생협 모임은 그 마을에서 이웃들끼리 만나 얘기도 나누고 뭔가를 의논하게 됩니다. 그러다 실제로 마을에 필요한 어떤 일을 벌이게도 됩니다. 서서히, 알게 모르게, 마을에 공동체의 물줄기를 내기 시작하는 거지요.

이런 공동체 활동이 튼실하게 무르익으면 이윽고 생협은 먹거리 문제를 넘어 이웃과 함께 마을과 세상을 바꾸는 작은 실천을 더불어 나누는 생활 공동체로 나아갈 수 있게 됩니다. 이처럼 생협에 참여한 사람들이 어떤 활약을 펼치는지를 보여 주는 대표 사례가 있습니다. 지난 2008년 광우병 위험이 있는 미국산 소고기 수입 문제를 둘러싸고 전국에서 뜨겁게 벌어진 촛불 시위가 바로 그것입니다. 하루에 자그마치 100만 명이 모인 적이 있을 정도로 전국 곳곳이 '안전한 먹거리'와 '검역 주권'을 소망하는 거대한 '촛불'로 타올랐었지요. 이때 맹활약

∴ 광우병 위험이 있는 미국산 소고기 수입을 반대하는 촛불 집회 현장. 생협 조합원들이 만들어 낸 촛불의 불씨는 세상을 바꾸는 공동체의 커다란 힘을 보여 주는 좋은 사례다.

을 펼친 주역 가운데 하나가 생협 조합원들이었습니다. 이후에 친환경 급식 조례(지방자치단체가 스스로 만드는 자치적인 법과 규정)를 만드는 운동에 앞장선 것도 이들이었고요.

　이런 일은 한 사람의 힘이나 뜻만으로는 엄두도 낼 수 없습니다. 공동의 목적을 이루기 위해 여러 사람이 한데 모여 연대하고 협동한 덕분에 해낼 수 있는 일이었습니다. 생협으로 상징되는 생활 협동 공동체의 힘을 보여 주는 대목이지요.

먹거리, 농업, 자연, 사람을 살리는 생협

이처럼 생협이 이루고자 하는 생활 공동체는 내 아이, 내 가족만을 챙기던 삶에서 마을의 다른 아이들, 이웃의 어려운 사람들을 살피고 돌보는 삶으로 나아가게 합니다. 세상을 바꾸려면 나 자신도 변해야 하기에 자기 생활에서부터 환경 보전과 에너지 절약과 생명 사랑을 실천하는 '녹색 시민'으로 거듭나게 합니다. 마을을 바꾸고 지역을 바꾸는 여러 실천들, 예컨대 재활용품 나눔 장터, 벼룩시장, 마을학교, 작은 도서관 운동 등을 펼치는 '공동체 일꾼'으로 성숙하게 해 줍니다.

생협 매장을 대형 마트나 백화점과 견주면 여러 모로 불편한 게 사실입니다. 물품 종류가 다양하지도 않고, 공급되는 수량이 일정치 않아 미리 예약해야 하거나 찾는 물품이 일찍 동나기도 합니다. 품질이 똑같지도 않고요. 인공적인 입맛에 길든 사람한테는 생협 먹거리가 맛이 없을 수도 있습니다. 가격이 비싸다는 얘기들도 많이 합니다.

그럼에도 생협 조합원이 꾸준히 늘어나는 이유는 뭘까요?(2008년만 해도 27만여 명 수준이었으나 2014년에는 70만 명을 훌쩍 넘어섰다) 물론 일차적으로는 나와 내 가족의 건강을 돌보기 위함이겠지요. 하지만 동시에, 생협이 사회적 기능과 공적인 역할을 다양하게 떠맡고 있다는 사실에 공감하기 때문이 아닐까요? 말하자면, 생협이 오늘날 가고 있는 길, 곧 먹거리와 농업과 자연과 공동체를 살리는 일에 동참하고픈 마음이 널리 퍼지고 있는 건 아닐까요?

물론 아직은 생협 조합원들 가운데 생협의 이런 가치나 취지에 걸

맞은 실천에 나서는 사람은 그리 많지 않습니다. 먹거리를 비롯해 자기한테 필요한 물품을 사는 정도의 개인적 활동 수준에 그치는 사람이 대부분이지요. 또 마음 잘 맞는 사람들이 끼리끼리 모이기는 해도 마을 공동체 만들기를 비롯해 좀 더 본격적인 사회적 활동에 참여하는 사람은 드뭅니다. 이것은 생협이 처한 지금의 한계이기도 하고, 앞으로 해결해야 할 과제이기도 합니다.

그렇긴 해도 어쨌든 생협 조합원 수가 늘고 있다는 건 그 자체로서 고무적인 일입니다. 그 과정에서 생협이 이루고자 하는 꿈이 보다 널리 퍼져 나갈 테니까요. 그렇습니다. 사람과 사람, 사람과 자연, 개인과 공동체, 소비자와 생산자, 도시와 농어촌을 호혜적으로 연결하는 '관계망'. 작은 일상 속에서 끊임없이 새로운 사람과 새로운 세상을 빚어내는 생활 공동체. 생협이 가고자 하는 길이 이것입니다.

이젠 병원도 협동조합이다

사람들은 대체로 병원에 불만도 많고 불신도 깊다. 병원에서 환자는 비싼 돈을 내면서도 일방적인 치료 대상이자 의사의 지시를 듣기만 해야 하는 수동적인 존재로 그친다. 오늘날 병원은 그저 돈벌이 기관으로 전락했다는 지적이 높다. 하지만 병원을 협동조합으로 운영하면 얘기는 달라진다. 이른바 '의료 생협'이 그것이다. 의사만이 주인이 아니라 환자와 의사가 동시에 주인인 병원이 탄생하는 것이다. 보통 지역 주민의 신뢰를 바탕으로 지역 주민과 의료인이 함께 세운 의료기관을 의료 생협이라 한다. 주민을 위한 서비스 개발, 투명한 병원 운영, 의료 수준 향상 등 여러 측면에서 획기적 모델이라 할 수 있다. 지역 주민 중심의 자주적 협동 조직체여서 주민 참여를 토대로 민주적으로 운영할 수 있다. 그래서 병원이 돈벌이 중심으로만 운영되는 것을 효과적으로 막을 수 있다. 검증되지 않은 의료 실험이나 지나친 약물 투여, 인권 침해와 생명 경시 의료 행위 등도 막을 수 있다. 한마디로, 의료 분야에서 민주화를 이루고 건강한 마을과 지역 공동체를 만들고자 하는 것이 곧 의료 생협인 셈이다.

우리나라에서는 경기도 안성시에서 1994년에 문을 연 안성 의료 생협이 첫 번째다. 20여 년 세월이 흐른 지금은 지역사회에 탄탄하게 뿌리를 내렸다. 일반 의원, 한의원, 치과 의원을 포함해 6개의 진료소와 별도의 요양기관을 운영하고 있다. 5대 암을 검진하는 종합시설을 갖추었고, 의사 수만도 15명에 이른다. 간호사, 물리치료사, 행정 사무원 등 전체 직원은 100명이 훌쩍 넘는다. 5000여 가구가 조합원으로 참여하고 있으니, 조합원 한 가구에 가족을 4명으로 잡으면 안성시 전체 인구 19만 명의 10여 퍼센트가 안성 의료 생협의 주인이자 이용자라고 할 수 있다.

이곳의 가장 큰 힘이자 매력은 의사와 환자 사이의 신뢰와 연대다. 환자는 과잉 진료를 의심하지 않는다. 환자 자신이 병원의 주인이기 때문이다. 이곳의 항생제 처방률이 전국 평균의 25퍼센트에 불과하다는 사실이 이를 잘 보여 준다. 대신에 진료 시간은 크게 늘었다. 고혈압, 당뇨병 환자를 관리하는 종합 프로그램도 운영하고, 조합원 건강검진을 실시해 조합원의 건강 상태를 일상적으로 꼼

꼼하게 관리해 준다. 가난한 사람과 외국인 노동자의 의료비를 싸게 해 주는 것과 같은 의료복지 활동도 열심히 펼친다.

의료 생협에서는 1시간 기다림에 3분 진료, 약이나 각종 검사의 과잉 처방, 비싼 진료비, 불친절하고 고압적인 의사와 간호사의 태도 등은 찾아볼 수 없다. 대신에 환자의 권리, 편안한 마음과 서로에 대한 믿음 등은 확실하게 보장된다. 의사도 환자도 똑같이 병원의 주인인 협동조합이기에 이런 일이 가능하다. 현재 전국적으로 약 20곳의 주민참여형 의료 협동조합이 활동하고 있고, 3만여 명이 조합원으로 참여하고 있다. 안산의 의료 생협 치과, 원주의 의료 생협 한의원 등도 활발한 활동을 펼치는 것으로 널리 알려져 있다.

2 협동조합이 살린 강원도 산골 마을

강원도 인제군 설악산 백담사 입구 쪽 용대2리에 '백담 마을'이라는 곳이 있습니다. 강원도 산악 지대에 자리 잡고 있는 만큼 얼핏 아주 뒤떨어지고 가난한 마을, 아이와 젊은이들은 없고 노인들만 남은 동네라고 지레짐작하기 쉽습니다. 하지만 실제로 이 마을에 가 보면 이런 고정관념이 틀렸다는 것을 단박에 깨닫게 됩니다. 강원도의 여느 산골 마을과는 달리 이 마을에는 활기가 넘칩니다. 이전에는 인제군에서도 못사는 마을로 꼽혔다는 이곳이 어떻게 해서 이렇게 달라졌을까요?

이 마을의 역사를 바꾼 주역이자 마을 발전을 이끈 원동력이 다름 아닌 협동조합입니다. 보다 정확하게 말하면 협동조합 방식으로 운영되는 '용대향토기업'이 그 주인공이지요. 용대향토기업은 백담 마을에서 백담사까지 7.2킬로미터 구간을 왕복 운행하는 마을버스 회사입니다. 마을 주민들이 자본금을 출자해 세운 공동체 기업, 곧 마을기업이지요. 마을 반장 등을 비롯해 모두 25명 주민이 300만 원씩을 출자해 지난 1996년 세웠습니다.

시작은 보잘것없었습니다. 설립 당시엔 버스 두 대가 고작이었지요. 하지만 지금은 버스를 10대나 거느리고 있습니다. 여기서 일하는 직원만 운전기사 13명을 비롯해 약 20명에 이르고요. 중요한 것은

이 직원들이 모두 마을 주민이라는 점입니다. 이 회사는 애초부터 마을에서 2년 이상 거주한 사람만 직원으로 채용할 수 있도록 했습니다. 마을 사람들이 직접 세운, 마을을 위한, 마을의 회사이기 때문이지요. 그래서 이 회사는 이익금 가운데 상당액수를 마을발전기금으로 내놓습니다. 연말이면 가구당 20만 원씩 이익 배당금도 지급합니다. 이렇게 모인 마을발전기금은 또 다른 주민 일자리를 만들어 내는 데 요긴하게 쓰입니다. 이를테면 마을회관에서 일하는 직원 5명의 급여가 이 기금에서 나오는 식이지요.

협동조합 정신에 따라 마을 사람들이 세운 조그만 회사 하나가 마을에 두고두고 '복'을 가져다주는 '효자'가 된 것입니다. 이 마을 사람들이 이 회사를 '우리 마을을 살린 보물단지'라고 자랑하고 다니는 게 전혀 이상하지 않지요.

이쯤에서 우리는 문득 한 가지 의문을 떠올리게 됩니다. 서울 같은 도시들에 있는 그 수많은 마을버스 회사를 이런 식으로 운영할 순 없을까 하는 게 그겁니다. 일반 마을버스 회사 가운데에는 사람들이 많이 이용하는 이른바 '황금 노선'을 차지해 떼돈을 버는 곳도 적지 않습

니다. 하지만 날마다 자기들에게 돈을 벌어다 주는 마을 주민들에게 10원 한 푼이라도 혜택을 되돌려 주거나, 백담 마을처럼 마을발전기금 같은 방식으로 이익 가운데 일부를 내놓는 회사는 없습니다. 그들은 지방자치단체로부터 사업 허가를 받기만 하면 그저 돈벌이에만 몰두할 뿐입니다.

내가 타는 마을버스, 우리 마을의 마을버스를 백담 마을처럼 마을 사람들이 주체가 되어 운영할 수는 없을까요? 방법이 없는 건 아닙니다. 마을 주민들이 공동으로 출자해 세운 협동조합 기업이 마을버스 사업에 참여할 수 있도록 조례를 새로 만들면 되니까요. 물론 쉽지는 않겠지요. 기존 마을버스 사업자들 및 이들과 이해관계를 같이하는 이른바 '기득권 세력'이 강하게 반발할 테니까요.

하지만 또 다른 중요한 장애물도 무시하기 어렵습니다. 대체로 도시에서는 같은 마을버스를 이용하는 사람들 사이에 공동체 의식, 곧 같은 마을 사람이라는 인식이 약하다는 게 그것입니다. 그러니 우리 마을 사람들이 직접 나서서 협동조합 기업을 세우고 마을버스를 우리 손으로 운영해 보자는 공동체적 움직임 자체가 일어나기 어려울 수밖에 없지요. 도시든 농촌이든 지역과 마을 곳곳에 협동조합이나 마을기업 같은 공동체 활동이 넓고 깊게 뿌리내리는 게 중요한 이유가 여기에 있습니다.

3 농민과 소비자, 농촌과 도시가 함께 잘사는 길

다음으로 찾아갈 곳은 농촌입니다. 전라북도 완주군 용진면에 있는 용진 농협 로컬 푸드* 직매장 이야기입니다.

이곳을 들여다보기 전에 먼저 일반적인 농산물 유통 실태를 살펴보지요. 상추를 예로 들면 이런 식입니다. 상추 생산 농민은 공판장(공동 판매장의 준말) 같은 데서 상추 4킬로그램을 넘기고 1만 원을 받습니다. 소비자는 그 상추를 유통과 보관 과정을 거치느라 며칠 정도 지난 뒤 3만 원에 삽니다. 소비자는 싱싱하지도 않은 상춧값으로 3만 원을 냈습니다. 그럼에도 농민은 고작 1만 원밖에 손에 쥐지 못했습니다. 차액 2만 원은 중간 유통업자나 대형 마트 같은 곳에서 챙겨 갑니다. 소비자는 소비자대로, 농민은 농민대로 큰 손해를 보는 거지요. 이처럼 지금의 농산물 유통 시스템은 거대 기업 소유의 대형 마트나 돈 많은 중간 상인들만 더욱 살찌우는 아주 불합리한 구조로 이루어져 있습니다.

우리 농업과 경제를 망가뜨리고 독점과 양극화를 부추기는 이런 시스템 대신에 평범한 소비자와 농민이 함께 잘사는 방법은 뭘까요?

● 로컬 푸드(local food)는 지역에서 생산된 먹거리를 뜻하는 말로, 보통 '지역 먹거리'라 부른다. 생산자와 소비자 사이의 이동 거리를 줄여서 먹거리의 신선도와 안전성을 높이고 농민과 소비자 모두에게 이익이 돌아가도록 하자는 취지로 미국과 일본 등지에서 시작됐다. 이동 거리가 줄어드니 환경 보전에도 이바지하고, 지역 안에서 돈이 순환하는 덕분에 지역경제를 살리는 데도 도움이 된다.

그러니까, 소비자가 2만 원만 내고도 싱싱하고 맛 좋은 상추를 사고, 농민 또한 그 2만 원을 고스란히 받는 방법은 없을까요? 있습니다. 이런 일을 실천하고 있는 곳이 용진 농협 로컬 푸드 직매장입니다.

여기선 농민들이 그날그날 새벽마다 자기가 직접 수확한 농산물을 싣고 와 작은 묶음으로 포장하고 바코드 가격표를 붙인 뒤 자기 몫으로 배정받은 자리에 진열해 놓고 팝니다. 보통 이곳에서 자동차로 5~10분 정도 걸리는 인근 지역 농민들이지요. 여기서 가장 중요한 거래 방식은 그날 수확한 농산물을 바로 그날 매장에 내놓음으로써 최고의 신선함과 맛을 유지하는 것입니다. 이런 사실이 알려지자 이곳에서 멀지 않은 전주 시내 도시 소비자들도 이곳을 찾기 시작했습니다. 그러면서 갈수록 입소문이 퍼져 지금은 '인기 폭발'입니다. 주말이면 붐비는 사람들로 서로 어깨가 부딪히는 바람에 지나다니기도 힘들 정도라지요.

여기서 이룬 가장 큰 성과는 유통 단계에서 생기는 불필요한 '거품'을 완전히 걷어 냈다는 점입니다. 소비자한테는 다른 곳에 비해 절반 가격에 팔고 대신에 농민들 수입은 두 배로 늘어난 게 바로 그 결과지요. 소비자 입장에서는 가격이 절반이나 싼 데다 그날그날 수확한 맛 좋고 신선한 먹거리를 안심하고 살 수 있으니 대만족입니다. "확실히 싱싱해요. 값도 싸죠. 집 근처에 대형 마트가 있지만 매주 한두 차례 꼬박꼬박 여기로 옵니다. 주변에 여기 오라고 입소문 내고 다녀요." 전주에서 온 어느 소비자의 말입니다.

신바람이 나기는 농민들도 마찬가지입니다. 근처에서 유기농 농사를 짓는 어느 농민은 이렇게 말합니다. "꼬박꼬박 월급 받는 느낌이 좋아요. 그것도 두 배로. 신기하게 잘 팔리는 게 꼭 무슨 마술에 걸린 것 같아요." 여기서는 농산물 판매대금을 매주 월요일마다 농민 통장으로 꼬박꼬박 입금시켜 주니 이런 얘기가 나오는 겁니다. 이들은 "그날 따서 가장 적당하게 익은 토마토, 자두, 상추를 맛볼 수 있는 곳은 여기밖에 없다"고 당당하게 자랑합니다. 달걀(유정란) 또한 유통기한을 3일로 잡고 있긴 하지만 실제로는 그날 것만 판다고 합니다. 두부, 만두 같은 가공품도 하루를 넘기지 않고요. 이러니 먹거리의 질이 확연히 달라지는 건 당연한 결과입니다. 일반 대형 마트에서는 덜 익은 과일을 들여놓고선 저장고에서 3~4일이나 일주일 이상 묵힌 뒤 파는 게 예사니까요.

요즘 이곳 매출액은 인구 40만 명 규모 중소도시 대형 할인매장의 평균 매출액을 넘어선다고 합니다. 180여 농가가 이 매장에서 올리는 평균 수입 또한 한 달에 300만 원이 넘는다고 하고요. 농업과 농촌과 농민이 다 죽어 간다고 아우성인 요즘 현실에서 이는 대단한 성과가 아닐 수 없습니다.

우리는 이 대목에서 또다시 질문을 던지게 됩니다. 우리나라에는 전국에 1000개가 넘는 단위 농협이 있습니다. 농협마다 이런 로컬 푸드 직매장을 만들면 안 될까요? 물론 전부 다 이렇게 하기는 힘들더라도 좀 더 많은 농협이 이런 일에 동참하면 안 될까요? 지금은 농협을 포함해 전국의 모든 직매장을 다 합쳐도 60여 군데에 지나지 않습니다. 작정하고 나서기만 하면 농민은 소득을 두 배로 끌어올릴 수 있고 도시 소비자들은 맛있고 신선한 농산물을 훨씬 더 싼값에 살 수 있습니다. 그런데도 이런 좋은 일을 왜 못하는 걸까요? 아니면 일부러 안 하는 걸까요?

앞에서 우리나라 농협에 대한 이야기를 잠깐 한 적이 있습니다. 핵심은 진정한 협동조합이 아니라는 지적이었지요. 그래서 참 안타깝습니다. 농협이 협동조합 정신에 걸맞게 조합원 농민을 진심으로 섬기고 자기한테 주어진 '사회적 책임'을 다한다면 용진 농협 직매장에서 일어나고 있는 '기적 같은 일'이 전국에서 일어날 텐데 말입니다. 농민과 소비자, 농촌과 도시를 함께 살릴 수 있는 길은 다른 데 있지 않습니다. 제대로 된 협동조합, 바로 거기에 길이 있습니다.

4 으뜸 협동조합 도시, 원주

우리나라에서 협동조합 활동이 가장 활발한 도시로는 강원도 원주시
가 첫손가락에 꼽힙니다. 인구 32만 명의 이 도시에서 협동조합 활동
에 참여하는 사람이 그곳 인구의 15퍼센트에 이르지요. 우리나라 협
동조합 가입자 수가 전체 국민의 1.5퍼센트 안팎에 그친다는 걸 생각
하면, 원주 협동조합의 활약상을 어렵지 않게 짐작할 수 있습니다.

원주는 우리나라 협동조합 역사에 아주 굵직한 발자취를 남긴 곳
이기도 합니다. 원주에서 협동조합 운동이 시작된 것은 1960년대 가
톨릭 원주교구가 만들어지고, 지학순 주교라는 분이 첫 번째 책임자
로 오면서부터입니다. 그는 교육자이자 사회운동가였던 장일순 선생
과 함께 지역사회 발전을 위한 교육사업과 사회활동을 활발하게 펼
쳤습니다. 바로 그 중심에 협동조합 운동이 있었지요. 1966년부터 신
용협동조합 운동이 싹을 틔웠고 1972년에 그 열매로 '원주밝음신용
협동조합(밝음신협)'이 만들어졌습니다. 밝음신협은 이후 원주 지역에
서 수많은 협동조합이 탄생하는 데 핵심 구실을 했습니다. 그러면서
당시 원주는 박정희 군사독재 정권에 저항하는 민주화 운동의 중심
인 동시에 우리나라 협동조합 운동의 산실이 되어 갔습니다.

그 과정에서 바야흐로 원주에서는 새로운 생명운동의 기운이 싹텄
습니다. 특히 장일순 선생 등은 단순히 협동하면 이익이 된다는 생각
을 넘어, 인간은 커다란 우주적 생명 공동체를 이루는 하나의 구성원

이고, 그 생명 공동체는 더불어 사는 공생(共生)과 서로 돕는 협동을 통해 진화해 왔다는 생명사상의 깃발을 드높이 들었습니다. 이런 바탕 위에서 1980년대부터는 자연과 생명을 살리고자 하는 유기농업 운동, 도시 소비자와 농민 생산자 사이의 먹거리 직거래 운동, 생활협동운동 등이 더욱 활발하게 가지를 뻗고 꽃을 피웠습니다. 이를 주도한 것이 원주 한살림 생협이었지요.

그러다 원주의 협동조합 운동은 2000년대 들어서면서 더욱 힘찬 발걸음을 내딛게 됩니다. 원주 지역 협동운동 사이의 연대가 갈수록 탄탄해지면서 2009년에 원주의 다양한 협동조합이 모인 '원주협동사회경제네트워크'가 닻을 올린 게 그것입니다. 이 네트워크에는 신용 협동조합, 한살림 같은 먹거리 생협, 의료 생협, 공동육아 협동조합, 교육 협동조합, 농민 협동조합 등을 비롯해 수많은 협동조합이 대거 참여하고 있습니다. 그래서 원주에서는 조합원이 되면 먹거리를 사고, 치료 받고, 아이를 맡기고, 돈을 빌리는 것과 같은 일상생활의 수많은 일을 이 네트워크 안에서 손쉽게 처리할 수 있지요. 이렇게 '협동조합 사이의 협동'이 튼실하게 이루어지면서 협동조합 운동은 원주의 자랑스러운 문화와 전통으로 뿌리내리고 있습니다.

이 네트워크는 그 과정에서 우리나라 최초로 학교급식 조례를 만들었습니다. 이어 친환경농업 지원육성 조례와 보육 조례도 만들었습니다. 특히 2008년에 만들어진 학교급식 조례는 큰 주목을 끌었습니다. 지역에서 생산되는 유기농 쌀을 초등학생 급식에 제공하기로 하고 거기에 드는 비용을 시 예산에서 지원하기로 하는 참신한 내용을 담았기 때문이지요.

이런 원주에는 협동조합이 참 많습니다. 하는 일도 아주 다양하고요. 대안교육이나 공동육아를 협동조합으로 하는 것은 물론 노인 협동조합, 생태건축 협동조합도 있습니다. 가난한 사람들의 집을 수리해 주는 협동조합, 이들에게 점심식사를 무료로 제공하는 협동조합도 있고, 노숙자들이 조합원으로 참여하는 협동조합도 있습니다. 원

∴ 원주 지역 협동조합의 하나인 (주)노나메기는 저소득층의 집을 고쳐 주거환경 개선과 의료비 및 난방비 지출을 줄이는 활동을 하고 있다. 이 사업은 취약계층에 대한 일자리 창출 효과도 낳는다. 사진은 (주)노나메기 직원들이 살기 불편한 어느 집을 수리하는 현장의 모습.

주에서 생산된 친환경 농산물로 떡을 만들어 파는 사회적 기업도 활발하게 활동하고 있고요.

이처럼 원주의 여러 협동조합은 서로 협력하고 연대하면서 주민 생활에 필요한 조례 제정 운동으로 풀뿌리 민주주의를 발전시키고 있습니다. 지역 먹거리 운동이나 재생 에너지 운동으로 도시를 '녹색'으로 바꾸어 나가고 있습니다. 지역경제 또한 주민이 참여해서 이끌어 갈 수 있도록 많은 애를 쓰고 있고요. 주목할 것은 이런 활동을 어느 하나의 단체나 지도자가 일방적으로 이끄는 게 아니라는 점입니다. 이는 곧, 지역사회를 이루는 다양한 주체들이 스스로 자신이 원하고 필요로 하는 것들을 충족시키면서도 네트워크로 서로 연결돼 지역 전체를 살찌우는 데 공동으로 이바지하고 있다는 얘기입니다. 이런 협동과 우정의 관계야말로 건강하고 풍요로운 공동체를 일구어 내고 또 지속시키는 진정한 힘이라고 할 수 있지요.

• **이 가운데** 가장 눈길을 끄는 것은 우리나라 최초의 노숙자 협동조합인 '갈거리 협동조합'이란 곳이다. 여기서는 노숙자와 가난한 서민에게 큰 액수는 아니지만 돈을 빌려준다. 단돈 1000원만 내고 조합원으로 가입하면 난방비 같은 시급한 생활지원비, 큰돈이 필요한 치료비, 월세 보증금, 소규모 사업비, 자녀의 학교 등록금, 빚 갚는 데 필요한 돈 등을 200만 원 아래 금액으로 빌릴 수 있다. 그 밖에도 부랑인 시설, 의지할 데 없는 노인들이 이용하는 시설, 노숙인 쉼터, 무료 급식소, 알코올 중독 상담소, 쪽방 지원 등 다양한 활동을 펼친다. 집도 돈도 없는 노숙자에게 돈을 빌려주면 떼이기 십상일 거라는 우려가 컸지만, 2004년 처음 만들어진 뒤 지금껏 착실하게 성장해 왔다. 요즘 이 협동조합은 '협동조합 사회복지 모델'이라는 평가를 받으면서, 이곳의 경험을 배우려고 전국에서 찾아오는 사람들의 발걸음이 끊이지 않는다고 한다.

5 협동조합을 키우자, 세상을 바로잡자

우리나라 협동조합은 이제 막 본격적으로 기지개를 켜면서 다양한 분야와 영역으로 빠르게 퍼져 나가고 있습니다. 반갑고 기쁜 일입니다. 이런 흐름 속에서 중요한 것은 어떻게 하면 협동조합들이 튼튼하게 뿌리내리느냐 하는 것입니다. 사실 자세히 들여다보면, 협동조합 바람을 타고 수많은 사람이 협동조합을 만들긴 했지만 제대로 된 사업이나 활동을 펼치는 곳이 그리 많은 건 아닙니다. 더러 정부나 법과 제도의 지원을 기대하는 모습도 보입니다. 사업을 벌여 나가는 과정에서 생기는 갈등을 민주적이고 충분한 의사소통으로 해결할 수 있는 훈련도 덜 되어 있는 게 현실이고요.

그렇지만 협동조합이 한 시절 반짝하는 유행으로 끝나서는 안 될 일입니다. 자연 생태계에서 생물 다양성이 중요하듯이 경제와 사회와 인간 삶의 생태계에서도 다양성이 중요합니다. 협동조합과 같은 다른 '나무들'이 다양하게 우거져야 경제와 사회와 삶이라는 전체 '숲'이 건강하고 튼튼해질 수 있습니다.

물론 협동조합만 많이 생긴다고 해서 곧바로 세상이 좋아지는 건 아니겠지요. 하지만 중요한 얘기여서 다시 한 번 강조합니다. 협동조합은 극소수 강자와 승자가 경제를 지배하고 이익을 독점하는 잘못된 경제 시스템을 바로잡을 수 있는 유력한 대안 가운데 하나입니다. 경쟁과 탐욕, 이기적 물질주의가 판치는 속에서 갈수록 공동체가 무너지고 인간 삶이 황폐해지는 오늘의 현실을 극복할 수 있게 해 주는 소중한 해결책 가운데 하나가 협동조합입니다.

이제 힘찬 발걸음을 내딛기 시작한 우리나라 협동조합은 아마도 숱한 실패와 좌절, 혼돈과 시행착오를 거치게 될 것입니다. 하지만 그것은 동시에 '맷집'과 '내공'을 키우는 과정이기도 할 테지요. 그러면서 협동조합은 우리 사회의 새 길을 힘차게 열어 갈 것입니다.

우리나라 전통 공동체 이야기

협동조합 같은 공동체 활동이 우리나라에서 아직 미약하다고는 하나, 돌이켜 보면 우리나라의 공동체 전통은 아주 깊다. 최근 우리나라에 부는 협동조합 바람도 이런 오랜 공동체 전통과 연관이 있을지도 모른다. 우리나라 역사에서 공동체는 농업사회의 촌락, 농사 문화, 혈연관계를 바탕으로 하는 친족 집단 등과 밀접한 관계를 맺고 있다. 두레, 품앗이, 계 등이 대표적이다.

두레는 한마디로 노동을 같이하는 작업 공동체, 곧 일 공동체다. 벼농사를 지으려면 일손이 집중적으로 필요한 시기에 효율적으로 일을 하지 않으면 안 된다. 짧은 기간에 모심기, 김매기 등을 끝내야 한다. 그러자니 여럿이 힘을 합쳐 공동 작업을 하지 않을 수 없었다. 이런 필요를 해결하기 위해 만들어진 노동력 동원 시스템, 다시 말하면 마을 단위로 농사일을 공동으로 하는 작업 조직이 곧 두레다. 단순히 농사일뿐만 아니라 재해 예방 등 마을 전체가 공적으로 필요로 하는 노동을 맡아서 했다. 아울러 노인, 고아, 아픈 사람, 남편을 일찍 여읜 사람 등을 돌보는 마을 복지 기능도 담당했다. 또한 나름의 엄격한 규칙과 규율이 있었다.

품앗이는 노동을 주고받는 것을 뜻한다. 두레가 공동체 속성을 강하게 지닌 협동 조직인 데 비해 이것은 일손이 바쁜 농번기 같은 때에 일손을 서로 빌리고 갚아 주는 형태를 띤다. 계산이나 이해관계를 앞세우는 게 아니라 호혜의 원칙을 중요하게 여겼다. 보통 개인적 친분관계에 따라 자율적이고 불규칙적으로 이루어졌다. 혼자서 살아갈 수 없는 개인이 일상생활을 하면서 누군가와 일손을 주고받았다면, 그것의 대부분이 이 품앗이 원리를 바탕으로 한다고 할 수 있다.

계는 같은 지역에 사는 사람이나 서로 관련이 있는 사람들이 일정한 공동 목적을 위해 돈이나 노동을 제공하는 자율적인 협동 조직이다. 이를테면, 결혼식이 있거나 장례를 치를 때 서로 돕거나, 개인이나 공동의 재산을 불리는 구실을 하는 식이다. 상부상조를 추구하는 공동체 정신이 바닥에 깔린 자발적인 협동체로서, 우리 사회에서 오래전부터 면면히 내려오는 전통의 하나다.

1 스페인 몬드라곤: 다른 세계는 가능하다

스페인 경제의 '큰손'

앞에서 말했듯이, 세계를 둘러보면 수많은 나라와 지역에서 다양한 협동조합들이 눈부신 활약을 펼치고 있습니다. 그 모든 현장을 다 돌아볼 순 없으므로 여기선 그 가운데 대표적인 몇 군데만 살펴보려고 합니다.

첫 번째는 수많은 협동조합이 모여 하나의 도시를 이룬 곳입니다. 세계에서 가장 큰 협동조합 복합체로서, 협동조합 하면 제일 먼저 이곳을 떠올리는 사람도 많지요. 스페인의 몬드라곤이 바로 그곳입니다. 몬드라곤은 다양한 협동조합들이 60년에 가까운 역사를 거치면

3장
협동조합,
세계를 움직이다

서 거대 기업으로 성장하는 동시에, 하나의 협동조합 그룹으로 모여서 만든 협동조합 도시입니다.

   몬드라곤은 본래 스페인 북부 피레네 산맥 인근 바스크 지방의 조그만 산골짜기 마을이었습니다. 이곳에 협동조합의 씨앗이 뿌려진

∴ 평생 협동조합 운동에 헌신한 호세 마리아 아리스멘디아리에타 신부와
그가 처음 협동조합 형태로 설립하여 몬드라곤 협동조합의 씨앗이 된 공장, '울고'.

것은 지난 1956년이었습니다. 처음 시작한 사람은 고작 5명에 지나
지 않았지요. 이끌었던 사람은 호세 마리아 아리스멘디아리에타라는
가톨릭 신부였고요. 그가 이곳에 온 것은 스페인 내전*이 끝난 직후
인 1941년입니다. 당시 이곳은 오랜 전쟁으로 폐허처럼 변한 절망의
고장이었습니다. 그런 곳에서 호세 마리아 신부가 새로운 희망의 싹
을 틔우려고 1956년에 5명의 젊은이와 함께 가스난로 등을 만드는 '울
고'라는 이름의 조그만 공장을 협동조합 형태로 설립한 것이 오늘날

• 1936년 스페인에 민주 정부가 들어서자 프란시스코 프랑코라는 사람이 이끄는 군부
가 쿠데타를 일으켰다. 쿠데타란 민주적인 선거를 통해서가 아니라 군대 같은 물리력
을 동원해 폭력과 강제로 권력을 빼앗는 것을 말한다. 이를 계기로 민주 정부를 지키고
자 하는 민주주의 세력과 흔히 '파시즘'이라 불리는 프랑코 군부 독재 세력 사이에 치열
한 내전이 벌어졌다. 이것을 '스페인 내전'이라 한다. 1939년 내전이 쿠데타군의 승리로
끝난 뒤 악명 높은 독재자 프랑코는 스스로 최고 통치자 자리에 올라 1975년 죽을 때까
지 오랫동안 스페인을 어둠과 고통의 늪에 빠뜨렸다. 그가 통치하는 동안 스페인의 민
주주의와 인권은 철저하게 짓밟혔다.

몬드라곤의 첫출발이었습니다.[*]

이렇게 시작은 너무나 미미했지만 오늘날 몬드라곤은 스페인 전체를 통틀어 매출 9위, 고용 3위의 우람한 기업 집단으로 성장했습니다. 거대 기업 형태를 띠고 있긴 하지만, 이곳의 주인은 엄연히 노동자입니다. 노동자가 직접 회사를 소유하고 경영하는 협동조합이니까요. 그래서 여기서는 노동자 조합원들이 각 단위 조합에서 대표와 경영진을 뽑고 중요한 경영 정책 결정에 직접 참여합니다. 몬드라곤을 노동자 자주관리 기업이라 부르는 까닭이지요.

몬드라곤에 소속된 노동자는 모두 8만 5000명에 이르는데, 이 가운데 약 절반이 출자금을 낸 조합원입니다. 나머지는 점차 조합원으로 바뀌고 있는 비조합원 노동자들이고요. 몬드라곤이 거느리고 있는 회사 수는 260개에 이릅니다. 세탁기, 냉장고, 에어컨 등을 취급하며 스페인 전자제품 시장의 20퍼센트 이상을 차지하는 제조업체(파고르)도, 스페인 곳곳에 우리나라 이마트와 같은 대형 매장을 2100여 개나 갖춘 스페인 최대 유통업체(에로스키)도, 스페인에서 다섯 손가

---

[*] **몬드라곤** 협동조합 그룹의 창시자인 호세 마리아 신부는 세상을 떠난 지 40년이 흐른 지금도 몬드라곤의 정신적 지주로 깊은 존경을 받고 있다. 1915년 바스크의 한 시골 마을에서 가난한 농부의 아들로 태어난 그는 당시 가난한 사람이 공부를 할 수 있는 유일한 통로였던 신학교에 진학해 사제의 길을 걸었다. 스페인 내전 때는 민주주의를 위해 쿠데타군에 맞서 싸웠다. 전쟁으로 폐허가 된 고향 마을에서 그는 모든 사람이 존엄하게 사는 세상, 노동자가 일하는 보람과 의미를 느끼는 새로운 세상을 꿈꾸었고, 거기에 이르는 가장 올바른 길이 협동조합이라고 결론 내렸다. 그 뒤 평생을 협동조합 운동에 헌신한 그는 몬드라곤이 한창 발전하던 1975년에 이 세상을 떠났다.

락 안에 드는 큰 규모에 420여 개 지점을 운영하는 금융 회사(노동인민금고)도 모두 몬드라곤 소속 협동조합이지요.

"자본은 주인이 아니라 하인일 뿐"

몬드라곤 협동조합 그룹은 1980년대까지는 120여 개가 넘는 개별 협동조합들의 느슨한 연합체였습니다. 그러다 1991년부터 모든 조직을 통합하면서 소속 협동조합을 크게 4개 그룹으로 묶었습니다. 제조업 그룹, 유통 그룹, 금융 그룹, 연구·교육 그룹이 그것입니다. 몬드라곤이 이처럼 조직을 새롭게 짠 이유는 1990년대 초반에 진행되던

∴ 스페인 최대 유통업체 에로스키는 몬드라곤의 협동조합이다.
　사진은 에로스키 한 매장 안의 모습.

유럽 전체의 경제적 통합 움직임에 효과적으로 대응하고, 갈수록 세계화가 거세게 진행되는 상황에서 국제 경쟁력을 키우기 위해서였습니다.

그러다 2008년에 미국에서 시작된 금융 위기로 세계 경제 전체가 엄청난 타격을 받았습니다. 이는 몬드라곤도 마찬가지였습니다. 제조업 부문에서 8000명에 이르는 일시적 휴직자, 그러니까 일정 기간 일을 쉬어야 하는 사람이 발생한 겁니다. 위기가 들이닥친 뒤 수익이 이전에 비해 무려 10분의1 수준으로 급격하게 줄어들었기 때문이지요. 아마도 이럴 때 일반 기업 같으면 노동자들을 그냥 해고해 버렸을 겁니다. 하지만 협동조합인 몬드라곤은 달랐습니다. 휴직자들은 일을 쉬는 동안에도 몬드라곤에 갖추어져 있는 사회보장 기금을 통해 평소 받던 급여의 80퍼센트를 계속 받았습니다. 게다가, 머잖아 몬드라곤의 다른 협동조합에서 일자리를 구할 수 있었습니다.

이것이 가능했던 것은 협동조합 소속 노동자들이 생산량을 절반으로 줄이고, 일하는 시간도 일주일에 5일에서 4일로 줄이며, 급여마저도 5퍼센트 줄이는 것과 같은 노력을 함께 기울인 덕분입니다. 어려움이 닥쳤을 때 특정한 사람들만 고통을 떠맡는 게 아니라 모두가 조금씩 양보하고 고통을 나누면서 함께 어려움을 이겨 내는 협동조합의 미덕이 이런 데서 잘 드러나지요. 동시에 이럴 때를 대비해 평소 쌓아 둔 기금과, 호세 마리아 신부가 주도해서 세운 노동인민금고의 적절한 지원도 위기를 이겨 내는 데 큰 도움이 되었습니다. 1959년에 설립된 노동인민금고는 협동조합 금융기관으로서, 새로운 협동조합을 세우거나 협동조합이 어려움이 닥쳤을 때 필요한 자금을 대 주는 구실을 맡았습니다. 그럼으로써 몬드라곤 그룹의 눈부신 성장을 밀어주고 끌어주는 핵심적인 기관차이자 '수호천사' 역할을 했지요.

결국, 극심한 경제 위기 와중에도 몬드라곤에서 문을 닫은 기업은 2010년에 한 개, 2011년에 한 개로 모두 합해 두 개에 불과했습니다. 당시 스페인 전체로는 기업 넷 가운데 한 개꼴로 문을 닫았습니다. 이에 견주어 몬드라곤에서는 그 비율이 불과 1.6퍼센트에 그쳤습니다. 일자리를 잃은 사람도 전혀 없고요.•

몬드라곤 조합원이 되려면 자신의 1년치 급여 총액 정도의 출자금을 내야 합니다. 우리 돈으로 보통 수천만 원은 되지요. 물론 돈이 없는 사람은 협동조합 은행에서 돈을 빌려 출자할 수 있습니다. 빌린 돈은 차차 갚아 나가면 되고요. 몬드라곤 사람들은 그렇게 조합원이 됨으로써 기업의 주인으로, 일하는 노동자로, 그리고 몬드라곤 지역사회의 주민으로 살아가게 되는 겁니다.

• **일자리를** 무엇보다 중요하게 여기는 몬드라곤의 철학은 "자본은 주인이 아니라 하인일 뿐이다."라는 굳은 신념에서도 또렷이 드러난다. 가장 먼저 챙겨야 할 것은 사람이라는 것이다. 이런 맥락에서 몬드라곤에서는 소속 기업이 서로 달라도 노동자들 사이에 급여 차이가 거의 없다. 또 어느 기업이 경영에 어려움을 겪더라도 급여의 80퍼센트 이상은 지급하며, 반대로 아무리 돈을 많이 벌어도 10퍼센트 이상의 추가 소득을 가져가지 못한다. 이익도 마찬가지다. 이익을 낸 각각의 개별 기업이 그 이익을 몽땅 가져가는 게 아니라 자금을 필요로 하는 기업과 이익을 나눈다. 성장도, 번영도 혼자서가 아니라 더불어하자는 뜻이다. 또 총 이익의 10퍼센트는 노동자 교육에, 45퍼센트는 모두를 위한 협동조합 기금을 쌓는 데, 나머지 45퍼센트는 조합원들에게 나눈다는 원칙을 가지고 있다.

몬드라곤에서 노동자들은 그저 월급이나 받는 종업원이 아닙니다. 스스로 주인이 되어 기업을 소유하고 경영합니다. 우리 시대의 핵심 과제인 경제 민주주의를 실천하는 거지요. 오늘날 몬드라곤은 '자본의 사회'가 아니라 '사람의 사회'를 창조하고 있으며, 신뢰를 바탕으로 '협동의 공동체'를 만들어 나가고 있습니다. 협동조합을 밑거름 삼아 활기차고 민주적인 지역 공동체를 가꾸어 나가고 있습니다. 그럼으로써 많은 사람에게 질 높은 일자리를 보장하고 그들을 안정된 삶으로 안내하는 새로운 경제의 틀과 성장의 길을 보여 주고 있습니다. 협동조합 공동체로 일구어 가는 새로운 세상의 모습을 우리는 몬드라곤에서 엿볼 수 있습니다.

2 이탈리아 에밀리아로마냐: 모두에게 이익과 보람을

협동조합이 경제의 주인공

이탈리아 북부에 있는 에밀리아로마냐 주는 '협동조합의 천국'이라고 불리는 곳입니다. 아주 다양한 분야에서 수많은 종류의 협동조합이 사람들의 일상생활에 실핏줄처럼 녹아들어 있지요. 그래서 여기서는 협동조합만 이용해도 일상생활에 불편이 없습니다. '시장(마트) 간다'라는 말을 여기서는 흔히 '코프(협동조합의 영어 약자인 'coop'의 이탈리아어 발음) 간다'라고 할 정도지요.

이탈리아는 본래부터 협동조합 전통이 아주 강한 나라입니다. 150년에 이르는 협동조합 역사를 자랑하는 데다, 한 나라에서 가장 높은 법인 헌법에서도 협동조합의 중요성을 공식으로 인정하고 있지요. 더구나 협동조합에는 일반 기업보다 세금을 덜 내도 되도록 경제적인 혜택도 제공해 줍니다. 이처럼 이탈리아에는 협동조합을 높이 평가하는 제도와 사회 분위기가 탄탄하게 갖추어져 있습니다. 협동조합이 일상생활 곳곳에 속속들이 배어 있지요. 전체 국민 가운데 60퍼센트가 협동조합 조합원이라고 할 정도로 협동조합의 대중적 토대가 튼실한 나라가 이탈리아입니다.*

이런 이탈리아에서 전체 협동조합의 절반이 몰려 있는 곳이 바로 에밀리아로마냐 주입니다. 이곳은 이탈리아 전체 20개 주 가운데 하나로, 면적은 우리나라 경기도의 두 배 정도 되지만 인구는 경기도의 3분의1이 조금 넘는 430만 명입니다. 이곳 사람들은 아주 잘삽니다. 1인당 소득이 이탈리아 전체 평균의 두 배에 이르고, 유럽에서 소득이 가장 높은 5개 지역 가운데 하나로 꼽히기도 하지요. 반면에 실업률은 가장 낮은 곳으로 유명합니다. 지난 2008년 전 세계적으로 경제 위기가 극심할 때에도 이 지역에서는 일자리를 잃은 사람이 거의 없었습니다.

• 국내총생산(GDP, 한 나라 안에서 1년 동안 생산된 모든 재화와 서비스를 합한 금액)에서 협동조합 매출액이 차지하는 비중도 이탈리아는 매우 크다. 유럽 주요 나라 평균이 5퍼센트 정도인 데 견주어 이탈리아는 15퍼센트에 이른다.

1950년대까지만 해도 가난한 지역이었던 이곳에서 이런 놀라운 발전을 이루어 낸 주역이 바로 협동조합입니다. 오늘날 이곳 전체 경제 활동의 무려 3분의1을 협동조합 경제가 차지하고 있습니다. 특히 인구 40만 명의 주도 볼로냐는 이탈리아 협동조합의 수도라 불립니다. 이 도시에서 협동조합이 전체 경제에서 차지하는 비중은 무려 45퍼센트에 이르지요.

그럼, 이곳에서 협동조합은 어떻게 이처럼 깊이 뿌리내릴 수 있었을까요? 여기엔 몇 가지 배경이 있는데, 먼저 이 지역의 독특한 역사와 문화적 전통을 꼽을 수 있습니다. 이곳은 옛날 르네상스(14~16세기 이탈리아를 중심으로 신이 지배하던 중세 시대를 넘어 인간 중심 문화를 꽃피우기 위해 일어났던 문예부흥운동) 시대의 중심지였던 덕분에 인간을 중시하는 문화 전통이 살아 있습니다. 이는 연대나 신뢰를 바탕으로 하는 공동체 의식과 시민정신이 싹트는 바탕이 되었지요. 또한 이 지역은 1920년대 중반에서 2차 세계대전이 끝난 1945년까지 악명 높은 독재자 무솔리니가 철권을 휘두를 때 이에 격렬하게 맞서 싸운 전통을 가지고 있습니다. 그 영향으로 사회경제적 약자를 보호하고자 하는 마음과 계급 없는 평등주의 문화, 그리고 서로 돕고 힘을 모으는 상부상조 정신이 다른 지역에 견주어 좀 더 탄탄하게 뿌리내리고 있습니다.

다음으로는 경제적 여건입니다. 이곳은 같은 산업 안에서 전문화된 작은 규모의 기업들이 '산업지구'라 불리는 특정한 공간에 모여 있습니다. 여기서 이런 산업지구는 '기업과 주민의 공동체'라 불릴 정도로 지역 공동체 안에서 신뢰를 얻는 것이 아주 중요합니다. 사회와 경제, 정치와 경제, 주민생활과 경제가 서로 긴밀하게 연결돼 있다는 얘기지요. 또한 협동조합과 중소기업이 그물처럼 엮여 있는 것이 이곳 지역경제의 도드라진 특징입니다. 지역에서 만들어지고 움직이는 돈이 지역 안에 머물도록 하는 노력도 각별하게 기울이고요. 이 모든 요소들이 어우러져 이 지역에서 협동조합이 활동하기에 기름진 토양을 이루는 겁니다.

우리나라 편의점만큼 많은 협동조합 매장

협동조합이 번성하다 보니 여기서는 우리나라 편의점만큼 자주 볼 수 있는 게 소비자 협동조합 매장입니다. 매장에서는 먹거리와 공산품을 비롯해 생활에 필요한 온갖 상품을 다 취급합니다. 규모도 다양합니다. 소비자가 조합원으로 가입하려면 우리 돈으로 3만 6000원만 내면 됩니다. 조합에서 이익을 내면 연말에 매장을 이용한 만큼, 다시 말해 물건을 얼마나 샀느냐에 따라 배당을 받고요.

우리나라에서는 이마트나 홈플러스 같은 대형 마트가 들어서면 동네 구멍가게나 재래시장 등은 커다란 피해를 보기 일쑤입니다. 하지만 여기선 조그만 가게와 생산업체 등이 협동으로 서로 힘을 모아 대형 매장을 세우고 거기서 안정적으로 물건을 팝니다. 일반 소비자는 이들에 대한 신뢰를 바탕으로 협동조합에 가입해 질 좋은 상품을 값싸게 사고, 나중엔 이익 배당까지 받습니다. 서로가 서로에게 이익과 도움이 되고, 더불어 모두가 잘살게 되는 거지요.

농민 생산자 협동조합도 있습니다. 지난 1968년에 감자와 양파를 생산하는 볼로냐 농민 40명이 모여 협동조합을 만들었습니다. 우리나라와 마찬가지로 중간 상인이 이익을 너무 많이 떼 가는 바람에 농민이 일한 만큼 돈을 받지 못하자 스스로 해결책을 짜낸 거지요. 가격이 오르락내리락하는 것을 막으려면 생산물 공급을 일정하게 조절할 수 있어야 했습니다. 그러려면 생산물을 보관할 수 있는 냉장창고가 필요했고요. 그런데 냉장창고를 마련하는 데 드는 비용을 혼자서는

감당할 수 없는 노릇이니, 협동조합으로 힘을 합쳐서 창고를 세웠습니다.

결과는 어떻게 됐을까요? 대성공이었습니다. 이렇게 공급 시기와 물량을 조절할 수 있게 되자 안정적으로 수익을 남길 수 있게 되었습니다. 창고도 46개로 크게 늘었고, 수출까지 하게 됐지요. 작물을 생산하기만 하면 협동조합에서 다 알아서 보관해 주고 팔아 주니까 농민은 별달리 걱정할 일도 신경 쓸 일도 없습니다. 이전처럼 유통 단계에서 발생하던 쓸데없는 비용 낭비도 사라졌습니다. 그 결과 협동조합을 세우기 이전에 비해 농민 수입이 거의 두 배나 늘었다고 합니다. 그야말로 '협동조합 짱!'인 거지요.

볼로냐에서는 집도 협동조합을 통해 삽니다. 여기서도 1980년대까지는 전체 시민 가운데 40퍼센트만 자기 집을 가지고 있었다고 합니다. 하지만 지금은 그 비율이 85퍼센트에 이릅니다. 주택 협동조합이 은행에서 돈을 빌려 집을 지은 뒤 공장 노동자나 가난한 사람이 집을 싸게 살 수 있도록 한 덕분입니다. 볼로냐 전체 주택 가운데 35퍼센트가 주택 협동조합이 지어서 공급한 것이라고 하니, 협동조합의 힘이 얼마나 대단한지를 잘 알 수 있습니다. 돈만 벌려는 일반 기업이 아니라 지역사회에 도움이 되는 일을 하고자 하는 협동조합이기에

해낼 수 있는 일이지요.

우리 돈으로 출자금 25만 원을 내면 누구나 조합원이 될 수 있습니다. 그러고선 조합이 제공하는 다양한 집 가운데 마음에 드는 것을 골라서 예약하면 됩니다. 또 다른 커다란 혜택도 있습니다. 집을 장만하려면 큰돈이 듭니다. 그래서 처음 집을 살 때 보통은 은행에서 비싼 이자를 물어 가며 돈을 빌릴 때가 많지요. 하지만 주택 협동조합에 가입하면 집을 10년 동안 임대한 뒤 살 수도 있습니다. 중요한 건 10년간 낸 임대료가 집값에 포함된다는 점입니다. 그만큼 더 싸게, 그리고 훨씬 수월하게 집을 장만할 수 있는 거지요.

일자리 걱정은 끝

특히 이곳에서 인상적인 대목은 협동조합끼리 협동하는 경우가 많다는 점입니다. 각각의 개별 협동조합이 하기 어려운 일을 협동조합끼리 힘을 합쳐서 해내기 위해서지요. 이런 식입니다. 볼로냐에서 노동자 협동조합, 건축 협동조합 등을 포함해 5개 협동조합이 서로 손잡고 유치원 10개를 지었습니다. 짓는 데 드는 비용은 참여한 협동조합들이 공동으로 부담했고, 운영비는 볼로냐 시 정부에서 지원을 받습니다. 아이들 교육시설을 늘리려는 시의 계획에 여러 협동조합이 힘을 합쳐서 공동으로 참여한 거지요. 시에서 땅과 운영비를 지원받는 대신 20년 뒤에는 유치원 소유권을 시로 넘기게 됩니다. 하나의 협동조합만으로는 할 수 없는 일을 서로 다른 분야의 협동조합들이 힘을 합치니 할 수 있게 된 거지요. 참여한 협동조합 조합원들 입장에서는 20년 동안 일자리가 안정적으로 보장되는 큰 이득을 얻는 데다 아이들 교육을 위한 좋은 일이어서 흔쾌히 서로 손을 맞잡았다고 합니다. 게다가 운영 성과가 좋아 유치원을 계속 늘려 가고 있다고 합니다.

협동조합 덕분에 볼로냐를 중심으로 한 이탈리아 에밀리아로마냐 지역은 변변한 대기업 하나 없어도 유럽에서 몇 손가락 안에 꼽히는 잘사는 곳이 될 수 있었습니다. 일자리를 잃을 걱정도 하지 않게 되었습니다. 이곳 사람들은 이렇게 말한다고 합니다. "협동조합이 무엇보다 매력적인 이유는 같은 목표를 가진 사람들과 꿈을 함께 나누고, 서로 평등한 관계를 맺으며, 노동의 주인으로서 일할 수 있기 때문입니다."

'시민과 시민 사이에 협동조합이 있는 도시'로 불리는 볼로냐와 에밀리아로마냐. 이곳에서는 발전의 원동력이 경쟁이 아니라 협동입니다. 사람을 돈벌이와 끝없는 경쟁의 노예로 만들고 기계 부속품처럼 취급하기 일쑤인 지금의 주류 자본주의 경제 시스템을 협동조합이라

• **이처럼** 협동조합 사이의 협동이 중요한 까닭에 볼로냐에는 '협동조합들의 협동조합'인 '레가 코프(Lega Coop)'라는 게 있다. 이것은 다양한 분야의 수많은 협동조합이 한데 모여서 만든 협동조합 연합체다. 소속 협동조합을 지원하거나 협동조합들을 서로 연결해 주기도 하고, 새로운 협동조합이 만들어질 때 자문과 지원도 해 준다. 정부와 협력 사업을 추진하기도 한다. 하지만 레가 코프가 하는 가장 중요하고도 대표적인 일은 '일자리 나누기'다. 예를 들면, 어떤 협동조합이 경영이 어려워져 문을 닫으면 다른 협동조합이 그 조합 조합원에게 일자리를 제공하는 식이다. 이런 활동을 펼칠 수 있는 힘은 '코프 펀드'라고 불리는 일종의 기금에서 나온다. 이 기금은 레가 코프에 소속된 모든 협동조합이 수익의 3퍼센트를 의무적으로 냄으로써 조성된 것이다.

는 강력한 '무기'로 이겨 내고 있는 것입니다.

3 캐나다 퀘벡: '사회적 경제'가 이룩한 풍요

사회적 연대가 이끄는 '조용한 혁명'

이번에는 북아메리카 대륙으로 넘어갑니다. 캐나다의 퀘벡이라는 곳이지요. 땅 넓이가 러시아에 이어 세계에서 두 번째로 큰 나라인 캐나다는 1867년에 영국 식민지에서 독립하면서 닻을 올렸습니다. 역사가 짧은 편이지요. 하지만 캐나다는 공동체 활동의 전통이 강하기로 유명한 나라입니다. 영국과 프랑스를 비롯해 유럽 곳곳에서 대서양을 건너온 사람들이 낯선 땅에 제대로 뿌리내리고 살려면 공동체를 이루어 서로 도와야 했기 때문입니다.

그래서인지 캐나다에서는 수많은 분야에서 협동조합이 활발하게 움직이고 있습니다. 국민 10명 가운데 4명이 한 개 이상의 협동조합에 가입하고 있지요. 중앙의 연방정부 차원에서도 협동조합을 지원하는 정책을 펼치고 있고요. 오늘날 캐나다가 세계에서 아주 살기 좋은 나라로 손꼽히게 된 데에는 국가가 주도하는 탄탄한 사회복지 정책과 더불어 사회의 바탕에 면면히 흐르고 있는 협동조합 공동체 운동의 강력한 전통이 큰 몫을 했다고 할 수 있습니다.

우리가 살펴볼 퀘벡은 캐나다에서도 특별한 곳입니다. 캐나다 동

부에 있는 퀘벡은 캐나다를 구성하는 10개 주 가운데 하나로, 면적은 서울의 2000배를 넘을 정도로 엄청나게 넓은 데 반해 인구는 800만 명 정도로 서울보다 적습니다. 특이하게도 퀘벡은 '캐나다 안의 프랑스'로 불립니다. 주 전체 인구의 80퍼센트가 프랑스계이며, 캐나다에서 영어가 아닌 프랑스어를 공용어로 쓰는 유일한 곳이지요. 이는 캐나다가 영국 식민지였음에도 퀘벡 지역에는 오래전부터 프랑스계 사람들이 모여 살았기 때문입니다.

그런데 퀘벡의 중요한 특징이 또 한 가지 있습니다. 캐나다는 물론

• **그래서** 퀘벡 사람들은 따로 분리 독립하려는 경향과 독자적인 자치를 중시하는 성향을 강하게 지니고 있다. 실제로 1980년대와 90년대에 퀘벡에서 '분리 독립'을 묻는 주민 투표가 실시된 적이 있다. 아슬아슬한 차이로 통과되지는 못했다. 1995년 투표에서는 찬성과 반대 표 차이가 1.36퍼센트에 불과했다. 그만큼 퀘벡은 자기들만의 강력한 정치적 · 문화적 정체성과 개성을 지니고 있다.

아메리카 대륙을 통틀어 협동조합이 가장 왕성하게 발전한 곳이라는 사실이 그것입니다. 퀘벡이 이런 방향으로 본격적으로 바뀌기 시작한 건 1980년대입니다. 당시는 경제 위기가 심각했습니다. 수많은 기업이 무너졌고 실업자도 크게 늘었지요. 이럴 때 대부분 나라는 시장과 기업의 구실을 중시하면서 경쟁력과 효율성을 높이는 길을 택하기 마련입니다. 하지만 퀘벡은 다른 길을 선택했습니다. 즉, 지역 공동체와 지역 주민을 중심에 두는 이른바 '사회적 경제'*를 키우는 길을 가기로 한 겁니다. 다시 말해, 정부가 일방적으로 발전을 이끌어 나가는 게 아니라, 주민 중심의 시민사회와 정부가 공동으로 지역 발전을 추진했다는 얘기입니다.

1980년대 퀘벡에서는 지역운동, 노동운동, 여성운동, 환경운동 등 다양한 시민사회운동 세력이 사회적 경제를 활발히 일으키기 위해 소매를 걷어붙이며 나섰습니다. 이에 중앙의 연방정부와 주 정부 또

●**사회적** 경제는 국가도 시장도 아닌 제3의 민간 영역에서 시민의 자발적 참여를 바탕으로 만들어지는 경제를 가리킨다. 곧, 의사 결정을 민주적으로 하고, 경제적 목표뿐만 아니라 공적인 가치와 의미를 지니는 사회적 목표를 함께 추구하며, 공동체와 지역사회에 기여하고자 하는 게 사회적 경제라는 말이다. 대기업 중심의 성장주의 경제에서 벗어나, 인간다운 노동과 안정적이고 질 좋은 일자리를 제공하는 새로운 경제를 지향한다. 이런 사회적 경제를 이끌어 가는 주체로는 대표주자 협동조합을 비롯해 사회적 기업, 마을기업, 자활 기업 등이 있다. 사회적 기업은 환자를 돌보는 간병 서비스, 노인 돌봄 서비스, 장애인 일자리 창출 사업, 재활용 사업 같이 주로 교육, 보육, 의료, 환경 등의 분야에서 사회적 성과를 내는 것을 주된 목적으로 삼는 기업이다. 마을기업은 지역 공동체와 지역 주민을 기반으로 공동의 소득과 일자리를 만들어 내는 기업을 말한다. 자활 기업은 소득이 낮은 서민 계층을 위한 사업을 벌여 이들이 가난에서 벗어나도록 돕는 구실을 하는 기업이다.

한 자금, 법, 제도 등 여러 측면에서 지원을 보내 주었습니다. 그 결과 보육, 주거, 환경, 문화 등의 분야에서 다양한 협동조합과 사회적 기업들이 만들어져 일자리가 크게 늘어났습니다. 그러면서 서서히 위기를 이겨 낼 수 있었지요. 가난한 사람들을 위한 주택 1만 채가 새로 지어진 데서 보듯 서민을 위한 복지 시스템도 아주 튼튼해졌고요.

이 과정에서 두드러지게 나타났던 특징 가운데 하나는 이런 일을 하는 데 반드시 필요한 자금을 어렵지 않게 마련할 수 있었다는 점입니다. 여기에 가장 큰 구실을 한 것이 잠시 뒤 설명할 '데자르뎅'이라는 이름의 협동조합 금융기관과 노동운동의 연합 조직이었습니다. 퀘벡 노동자들은 자기들이 은퇴한 뒤 먹고살려고 모아둔 기금 가운데 무려 60퍼센트를 사회적으로 일자리를 만들고 유지하는 데 쓰기로 뜻을 모았습니다. 이런 흐름 속에서 주 정부와 노동자 단체들과 데자르뎅 등은 서로 힘을 합쳐 다양한 '사회연대기금'을 만들어 사회적 경제를 활성화하는 데 지원했습니다. 지역사회를 이루는 다양한 구성원들이 모두 나서 지역을 살리기 위한 돈을 스스로 내놓은 거지요.

퀘벡의 이런 움직임은 단순히 '협동조합 사이의 협동'을 넘어 폭넓은 사회적 연대로 사회를 발전시키고 복지 체제를 만들어 가는 아주 혁신적인 시도였습니다. '조용한 혁명'이라고도 불리는 이런 과정을 거치면서 오늘날 퀘벡은 아메리카 대륙 전체에서 협동조합과 사회적 경제가 가장 번창하는 지역으로 발전했습니다.

데자르뎅에서 시작하고 데자르뎅에서 끝난다

이제 데자르뎅 이야기를 조금 더 상세히 하겠습니다. 데자르뎅 이야기가 중요한 이유는 퀘벡 사회적 경제의 시작과 끝이 데자르뎅이라고 해도 그리 지나친 말이 아닐 정도이기 때문입니다. 퀘벡에서는 어디를 가든 누구를 만나든 데자르뎅 이야기가 빠지지 않습니다. 북아메리카 지역에서 가장 큰 협동조합 금융기관인 데자르뎅은 실제로 퀘벡의 수많은 협동조합을 만들고 키우면서 퀘벡 지역경제를 떠받치는 주춧돌 역할을 해 왔습니다.

데자르뎅은 1900년 알퐁스 데자르뎅이라는 사람과 그의 부인 도리멘 데자르뎅이 처음 세웠습니다. 당시 퀘벡 인구는 160만 명이었습니다. 주민 3분의2가 농민이었고 대부분 프랑스계 사람들이었지요. 주민들은 급여가 너무 낮고 일자리가 없어 극심한 가난에 시달려야 했습니다. 그렇다고 은행에서 돈을 빌리기도 어려웠습니다. 당시 퀘벡에는 4개의 은행이 있었습니다. 하지만 대부분 영국계 사람들의 것이었고, 주로 부자들하고만 거래를 했습니다. 데자르뎅 부부는 이런 현실이 너무나 안타까워 결국 행동에 나서기로 결심했습니다. 그들이 떠올린 아이디어는 협동조합 형태로 가난한 사람들에게 도움을 줄 수 있는 금융기관을 만드는 것이었습니다. 한마디로 주민이 힘을 모아 직접 은행을 만들자는 거지요. 이렇게 해서 태어난 것이 '민중금고'입니다.

여기서 한 가장 중요한 일은 가난한 농민들이 돈을 편히 쓸 수 있도

∴ 데자르뎅 협동조합의 전신인 민중금고를 탄생시킨 알퐁스 데자르뎅과 도리멘 데자르뎅의
기념비.

록 해 주는 것이었습니다. 우리 돈으로 한 사람당 5000원만 내면 금
고의 어엿한 주인이 될 수 있었습니다. 가난한 사람에게는 그것을 1주
일에 100원씩 1년간 나누어 내도록 했습니다. 데자르뎅 부부는 조합
원에게 가능한 한 많은 이익이 돌아가도록 주민과 지역사회의 경제
적 조건에 잘 들어맞는 '맞춤형' 활동을 꾸준히 펼쳤습니다. 그 결과
착실한 성장을 거듭했고, 퀘벡을 넘어 캐나다 다른 지역과 미국으로
까지 널리 퍼져 나가 무려 9000개에 이르는 신용조합을 탄생시키는
놀라운 성과를 거두었지요. '데자르뎅 운동'이라는 말이 태어난 배경
입니다. 그렇게 가난한 사람과 지역을 위해 봉사하면서 성장해 온 데

∴ 데자르뎅 신용 협동조합은 오늘날 캐나다 퀘벡에서 가장 큰 규모의 금융기관이다.
　사진은 퀘벡 주 거리에 있는 데자르뎅 신협 건물.

자르뎅 협동조합은 오늘날 퀘벡에서 금융기관을 통틀어 가장 크고,
세계 전체로 치면 여섯 번째로 큰 금융 협동조합 그룹이 되었습니다.

　데자르뎅의 지역 사랑이 지금도 여전하다는 것은 해마다 우리 돈
으로 90억 원에 가까운 돈을 지역사회에 기부하는 데서도 잘 나타납

● 그 결과 데자르뎅은 지난 2012년에 세계에서 가장 안전한 금융기관 18위로 선정되기
　도 했다. 직원 수 4만 7000명으로 퀘벡에서 가장 많은 노동자를 고용하고 있을 뿐만 아니
　라, 현재 조합원 수가 퀘벡 전체 인구의 70퍼센트가 넘는 580만 명에 이른다.

니다. 처음 시작할 때와 마찬가지로 지금도 5000원만 내면 누구나 조합원이 될 수 있습니다. 위험한 투기에는 눈을 돌리지 않습니다. 대신에 착실하게 돈을 모으고 그렇게 모은 돈을 지역에 다시 투자하는 것을 중시하지요. 인상적인 것은 데자르뎅 조합원의 32퍼센트가 농촌 사람이라는 사실입니다. 이는 캐나다 일반 은행 고객 가운데 농촌 사람이 평균 2퍼센트에 그치는 것과 크게 비교되는 대목이지요. 데자르뎅은 일반 은행이 돈벌이가 시원찮은 농촌 지점의 문을 닫을 때 오히려 기꺼이 그런 곳을 사들여 운영을 맡았습니다.

또 일반 은행과 달리 데자르뎅은 협동조합, 사회적 기업, 조그만 사업체 등에도 약간의 이자만 받고 흔쾌히 돈을 빌려줍니다. 그런데 놀랍게도 돈을 돌려받지 못한 비율이 0퍼센트라고 합니다. 그만큼 서로 간에 깊은 신뢰와 협력을 쌓아 온 증거라고 봐야겠지요. 이처럼 데자

르뎅은 가난한 사람, 지역사회, 민주주의 발전에 이바지하겠다는 협동조합의 정신과 가치를 설립 초기부터 지금까지 충실하게 지키고 있습니다. 데자르뎅이 거대한 금융기관으로 성장했음에도 여전히 모든 사람들로부터 깊은 존경과 사랑을 받고 있는 까닭입니다.

이처럼 캐나다 퀘벡 지역에서는 협동조합을 뼈대로 하는 울창한 사회적 경제가 지역 공동체와 주민 모두에게 풍요롭고도 활기찬 생활을 안겨 주는 젖줄이 되고 있습니다. 하늘은 스스로 돕는 자를 돕는다고 했습니다. 역사적으로 퀘벡은 차별받고 소외당하는 서글픈 땅이었습니다. 하지만 퀘벡 사람들은 협동조합이라는 강력하고도 멋진 무기로 그런 어두운 현실을 저 멀리로 날려 버렸습니다. 퀘벡은 협동조합을 중심으로 한 사회적 경제가 깊이 뿌리내리면서 웬만한 충격은 너끈히 이겨 낼 수 있는 튼튼한 '기초 체력'을 갖추었습니다. 퀘벡의 협동조합과 사회적 경제는 끝없는 경제난에 시달리는 우리 사회가 앞으로 가야 할 길이 어디인지를 또렷이 보여 줍니다.

4 인도 리자트: 여성에게 빛을!

세계에서 가장 큰 여성 협동조합

협동조합은 잘사는 나라에서만 활발한 게 아닙니다. 아시아, 라틴(중남미)아메리카, 아프리카 등지에서도 저마다 처한 조건과 상황에 걸맞게 수많은 협동조합이 활동하고 있습니다. 그럼으로써 오랜 세월 이 지역 사람들을 짓눌러 온 지긋지긋한 가난과 억압, 절망과 무기력을 몰아내고 새로운 삶의 가능성을 열어 주고 있습니다. 그 가운데서 여기서는 특히 차별과 냉대에 시달리는 가난한 여성들에게 새로운 삶의 길을 밝혀 주는 인도의 어느 협동조합 이야기를 소개합니다.

뭄바이(옛 봄베이)는 인도의 금융 및 상업 중심지이자 인도양 아라비아 해 연안에 있는 인도 제1의 항구 도시입니다. 세계에서 가장 크고 인구밀도가 높은 도시들 가운데 하나로 꼽히지요. 인구가 무려 1300만이 넘습니다. 그런데 이곳 사람들 대다수는 아주 가난합니다. 전체 인구의 거의 80퍼센트에 이르는 사람들이 판자촌에서 살고, 5명 가운데 한 명은 하루에 400원도 안 되는 돈으로 근근이 살아가지요.

협동조합 '리자트(Lijjat)'는 뭄바이의 이런 가난한 지역 한복판에서 태어났습니다. 1959년 3월의 일이었지요.

당시 뭄바이의 기르가움이라는 곳에서 가난한 여성 7명이 다른 많은 여성들처럼 가족을 먹여 살리기 위해 무슨 일이든 닥치는 대로 하며 생활하고 있었습니다. 그러던 어느 날, 이들 머릿속에 파파드(콩가루로 만든 얇은 전병)를 만들어 시장에 내다 팔면 어떨까 하는 생각이 문득 떠올랐습니다. 하지만 이들은 파파드를 만드는 데 필요한 재료를 살 돈마저 없을 정도로 가난했습니다. 나중에 두 배로 갚기로 약속하

∴ 뭄바이는 인도 제1의 항구 도시이지만, 주민의 대다수는 가난에 허덕이며 산다.
협동조합 '리자트'는 이런 생활고를 이겨 내려는 강인한 여성들의 힘으로 탄생하였다.

고 나서야 간신히 그 돈을 빌릴 수 있었지요.

다행스럽게도 처음 만든 파파드가 잘 팔린 덕분에 빌린 돈을 쉽게 갚을 수 있었습니다. 그 뒤 서서히 생산량을 늘리면서 좀 더 본격적으로 팔기 시작했습니다. 그러자 주변의 다른 여성들도 점차 이들에게 합류했습니다. 몇 달이 지나면서 손님은 더욱 늘어났고, 시나브로 규모도 커지고 틀도 잡히기 시작했습니다. 하지만 체계적인 조직은 갖추지 못하고 있었습니다. 그러던 차에 한 사회복지사가 이들에게 소중한 조언을 해 주게 됩니다. 바로 협동조합을 만들라는 얘기였지요.

이제 리자트는 새로운 도약의 계기를 마련하게 됩니다. 주먹구구식이 아닌 제대로 된 회계 시스템을 갖추었습니다. 또한 참여자들의 뜻을 모아 사업 발전을 위한 여러 가지 원칙도 정했습니다. 이를테면, 자선단체의 도움에 절대로 기대지 않는다, 사업이 번창하더라도 가난한 여성들만 고용하여 그들에게 인간다운 삶을 가능케 하는 수입을 보장한다 등의 것들이었지요. 그 뒤 꾸준히 성장을 거듭한 결과 55년이 흐른 오늘날 리자트는 인도 17개 주 농촌 여성 4만 2000명이 일하는, 세계에서 가장 큰 여성 협동조합으로 우뚝 섰습니다. 인도 곳곳에 77개에 이르는 지부를 두고 있고요. 생산품 종류 또한 지금은 파파드 외에도 향신료, 밀가루, 세제 등으로 다양해졌습니다. 미국과 유럽, 중동, 오스트레일리아, 싱가포르, 홍콩, 일본 등에 수출까지 하고 있고요.

자매들의 연대, 여성의 힘

리자트 본사 건물에서는 수백 명이 일하는데 대다수가 여성입니다. 물론 남성이 여기서 일할 수 없는 건 아닙니다. 하지만 규약에 따라 남성은 조합원이 되지 못합니다. 어떤 결정을 내리는 데 참여할 수도 없습니다. 애초부터 조합의 목표 자체가 가난한 여성들을 자립으로 이끌고 여성이 사회를 발전시킬 수 있는 활동을 하도록 하는 것이었으니까요. 이에 따라 리자트는 불평등을 거부하며, 어떤 종교적·사회적 차별도 단호하게 거부합니다. 리자트 조합원이 늘 서로를 '자매'라 부르는 것도 이런 맥락에서지요.

조합 운영은 선출된 여성 21명으로 이루어진 위원회가 맡고 있습니다. 눈길을 끄는 것은 맨 밑에서부터 파파드를 직접 만들어 본 적이 없는 사람은 절대로 관리자 직책에 오를 수 없다는 점입니다. 그만큼 노동의 의미와 가치를 몸에 깊이 새기고 있는 사람, 밑바닥 경험을 제대로 거친 사람을 소중히 여기고 우대한다는 얘기지요. 경영 또한 평등하고 투명하게 합니다. 대표적으로, 4만 2000명에 달하는 파파드 생산자 모두가 똑같은 액수의 임금을 받습니다. 뭄바이 최저생계비의 6배에 해당하는 액수를 보장한다고 하니, 리자트가 가난한 여성들에게 새로운 희망과 자립의 삶을 선사해 주리라는 건 충분히 짐작할 수 있는 일이지요. 아닌 게 아니라 오늘날 모든 리자트 조합원은 가난의 굴레에서 벗어났습니다. 나아가 남에게 베푸는 삶을 누립니다. 예를 들면, 지진 피해를 본 마을을 다시 세우는 데 돈을 보내기도 하고,

가난한 이들을 돕는 단체에 일당을 기부하기도 합니다.

또한, 여기서는 모든 조합원이 회계 장부를 자유롭게 들여다볼 수 있습니다. 조합이 어떻게 운영되는지, 돈이 얼마나 들어오고 어디에 얼마나 쓰이는지 등을 원하는 누구에게든 훤하게 공개한다는 거지요. 협동조합의 원칙에 따라 경영과 관련한 결정에 대해 모든 조합원이 동등하게 한 명당 한 장의 투표권과 거부권을 갖는다는 것은 두말할 필요도 없고요.

리자트는 협동조합이 가난과 차별 따위에 이중삼중으로 시달리는 여성들에게 경제적 자립과 사회적 해방을 제공하는 유력한 수단이라는 사실을 잘 보여 줍니다. '약자들의 연대'야말로 협동조합의 진정한 힘의 원천이라는 사실 또한 잘 보여 주고요. 리자트에 참여해 활동하면서 인도 여성들은 적절한 수입을 얻는 것은 물론 인간으로서의 존엄과 명예를 되찾았습니다.

이처럼 협동조합은 세계 곳곳에서 수많은 빈곤 여성에게 일자리와 수입을 제공하고 있습니다. 부드러우면서도 강한 여성의 힘으로 세계 각지에서 갖가지 차별과 증오, 대립과 갈등을 몰아내는 데에도 큰 몫을 하고 있습니다. 차별과 냉대에 시달리던 여성의 권익과 지위를 드높이는 새로운 공동체를 만들어 내고 있습니다. '여성이 가진 힘의 상징.' 리자트가 내거는 슬로건이 선명하게 보여 주듯이 말입니다.

5 협동조합과 함께, 희망의 내일로

이 장에서는 나라 안팎에서 협동조합으로 삶의 질을 높이는 사람들과 그들이 만들어 가는 흥미로운 세상을 살펴보았습니다. 돈이 아닌 사람, 경쟁이 아닌 협동, 강요가 아닌 자율, 억압이 아닌 민주주의, 독점이 아닌 나눔, 혼자가 아닌 여럿, 개인이 아닌 공동체, 중앙이 아닌 지역, 의존이 아닌 자립, 자연 파괴가 아닌 생명 살림으로 새로운 미래를 열어 가는 현장을 만나 보았습니다.

　사람들이 서로에 대한 믿음과 간절한 소망으로 서로 어깨동무하며 모일 때, 그곳에서 협동조합은 새로운 길을 열어 주었습니다. 흩어진 개인으로는 약자였습니다. 하지만 그 약자들이 모여서 뭉치니 강력한 힘을 발휘할 수 있었습니다. 우정과 연대와 협력의 힘으로 열어 가는 그 새로운 길에서 사람들은 삶의 행복과 만족을 맛봅니다. 이전에는 잘 몰랐던 '관계'와 공동체의 소중함을 깨닫기도 합니다. 그러면서 이전에는 내 문제만 고민했지만 이제는 이웃과 마을, 나아가 이 사회와 세상의 '안부'가 어떠한지를 궁금해하는 뜻 깊은 경험을 하기도 합니다. 이 모두 협동조합과 공동체가 '궁합'이 척척 맞는 관계임을 보여 주는 대목들이지요.

　협동조합은 이렇게 삶도 바꾸고 세상도 바꿉니다. 무엇보다 사회경제적 약자들을 더 나은 삶으로 이끄는 방도를 제공해 줍니다. 우리가 새로운 세상과 다른 방식의 삶을 얘기할 때 협동조합을 떠올려야 할 이유가 여기에 있습니다. 미래의 새로운 대안을 찾을 때 협동조합을 반드시 참고해야 할 이유 또한 여기에 있습니다.

공동체를 무작정 아름답고 훌륭하고 바람직한 것으로만 여기는 것은 현실과 동떨어진, 지나치게 관념적이고 낭만적인 생각입니다. 이런 식의 접근은 공동체에 대한 환상과 오해를 불러일으켜 오히려 공동체의 확산이나 발전에 걸림돌이 될 위험이 크지요. 그래서 우리에게 필요한 것은 공동체를 정확하고 진솔하게 있는 그대로 바라볼 줄 아는 객관적인 안목입니다.

4부

공동체를 바라보는 다양한 시선들

1 공동체에 대한 환상은 버려야

2부 제목은 '마을이 세계를 구하리라'였고 3부 제목은 '새로운 미래의 열쇠, 협동조합'이었습니다. 그리고 이런 제목에 걸맞은 마을 공동체와 협동조합 이야기를 구체적인 사례들과 함께 상세히 살펴보았습니다. 한데 아마도 이쯤에서 얼핏 이런 궁금증이 생기지 않을까 싶습니다. 마을 공동체와 협동조합이 그렇게 마냥 좋고 아름답고 행복하기만 한 걸까, 이들 공동체가 그리 쉽게 세상을 획기적으로 바꾸고 수많은 문제를 속 시원히 해결해 줄 수 있을까 등과 같은 의문 말입니다.

결론부터 먼저 말하면, 책 앞부분에서도 살짝 내비쳤듯이, 그렇지 않습니다. 마을 공동체와 협동조합은 '만능 해결사'도 아니고 '유토피

1장

마을 공동체는
'만능 해결사'일까?

아'도 아닙니다. 이들 공동체가 수많은 사람에게 새로운 행복의 길을 열어 주고 세상과 삶을 바꾸는 강력한 힘을 지닌 것은 물론 사실이지요. 하지만 공동체를 덮어놓고 '찬양'하면서 갈채만 보낸다면, 그것은 공동체를 제대로 이해하려는 태도가 아닙니다.

공동체를 무작정 아름답고 훌륭하고 바람직한 것으로만 여기는 것은 현실과 동떨어진, 지나치게 관념적이고 낭만적인 생각입니다. 이런 식의 접근은 공동체에 대한 환상과 오해를 불러일으켜 오히려 공동체의 확산이나 발전에 걸림돌이 될 위험이 크지요. 그래서 우리에게 필요한 것은 공동체를 정확하고 진솔하게 있는 그대로 바라볼 줄 아는 객관적인 안목입니다. 환하게 빛나는 모습뿐만 아니라 그 뒤에 드리워져 있는 '그늘'도 놓치지 않는 '균형 감각'이 중요하다는 얘기지요.

2 성미산 마을에 얽힌 또 다른 이야기

지나치게 교육과 가족 중심이다?

마을 공동체 하면 늘 맨 앞자리에 놓이는 성미산 마을만 해도 그렇습니다. 이곳이 어떤 곳인지는 앞에서 자세히 알아보았습니다. 그런데 이 마을에 산 적이 있는 어떤 사람은 이런 얘기를 털어놓습니다. 이 사람은 성미산 마을 한복판에 살면서도 자기가 사는 곳이 그 유명한 성미산 마을인지를 꽤 한참 동안이나 몰랐다고 합니다. 어느 날 우연히 대문 밖에서 시끌벅적하게 마을 축제가 열리는 것을 보고서야 비로소 알았다지요. 이 사람이 세상일에 별 관심이 없거나 남들과 잘 어울리지 않고 외톨이로 지내는 사람이냐 하면 그건 전혀 아닙니다. 그러기는커녕 정치의식도 높고 여러 가지 사회 활동에도 열심히 참여하는 사람입니다. 그런데도 정작 자기가 사는 마을에서 펼쳐지는 수많은 공동체 활동과는 만날 기회나 계기가 없었던 겁니다. 그렇게 된 이유는 간단합니다. 이 사람한테는 자녀가 없었기 때문입니다.

앞에서 보았듯이 성미산 마을은 공동육아 어린이집에서 시작됐습니다. 게다가 성미산학교라는 대안학교가 마을 공동체에서 큰 비중을 차지하고 있습니다. 이는 곧, 아이들 교육에 큰 관심을 가진 사람들 중심으로 공동체가 꾸려져 왔고, 공동체의 여러 관계나 활동들 또한 그 연장선에서 펼쳐져 왔다는 걸 뜻합니다. 물론 공동체가 발전하면서 공동체에서 이루어지는 관계와 활동이 양적으로나 질적으로나

무척 다채로워지고 풍성해진 것은 사실이지요. 하지만 공동체 초기부터 바닥에서 면면히 이어져 온 흐름이 보다 다양한 사람이나 '다른' 관심사들을 폭넓게 품어 안는 데에는 어느 정도 한계가 있었다는 건 부인하기 어려울 듯합니다.

이것은 성미산 마을과 마찬가지로 아이들 교육 문제로 첫걸음을 뗀 삼각산재미난마을도 크게 다르지 않습니다. 즉, 이들 마을 공동체가 지나치게 가족 중심으로, 그것도 자녀 교육을 연결고리로 해서 움직여 왔다는 겁니다.* 만약 이런 지적이 사실이라면 결혼을 하지 않거나 자녀가 없거나 혼자 사는 사람이 공동체 활동에 참여하는 데에는 어려움이 따를 수 있지요. 마을의 다른 사람들과 허물없이 어울리는 데서도 좀 껄끄러움을 느낄 수 있을 테고요.

성미산 마을에 대해 중산층 중심의 공동체라는 지적을 하는 이들도 있습니다. 어느 정도 경제적으로 먹고살 만해야 '부드럽게' 공동체에 녹아들 수 있다는 얘기지요. 실제로 대안학교인 성미산학교에 자녀를 보내려면 상당한 돈이 필요합니다. 또 성미산 마을이 '살기 좋은 동네'로 알려지면서 집값이 제법 올랐다는 소식도 간간이 들립니다. 이것을 뒤집어서 말하면 돈 없고 가난한 사람들은 성미산 마을 공동체에 온전히 끼기 어렵다는 얘기가 될 수도 있지 않을까요?

• 2012년에 나온 성미산 마을 연구조사 보고서에 따르면, 사람들이 성미산 마을로 이주한 이유 가운데 첫 번째는 단연 자녀 교육과 육아였다. 이 항목의 답변 비율이 무려 44.5퍼센트에 이르렀다.

약간 다른 얘기지만 앞에서 소개한 마을 카페 '작은나무'가 최근 위기에 처한 것도 이와 연관이 있습니다. 2015년 7월 현재, '작은나무'는 건물주로부터 나가라는 통보를 받고서 주변 다른 곳을 알아봤지만 너무 비싼 임대료 탓에 옮길 곳을 찾지 못해 큰 고민에 빠져 있습니다. 마을 공동체가 성공하고 널리 알려지는 건 좋은데, 그러다 보니 집값이나 임대료가 껑충 뛰는 바람에 역설적으로 공동체 활동에 어려움을 겪고 있는 거지요. 이는 다른 마을 공동체에서도 얼마든지 벌어질 수 있는 일이라는 점에서 특히 관심을 모으고 있습니다.

다툼과 갈등과 충돌, 그리고…

다른 한편으로, 성미산 마을이 지금은 잘 돌아가지만 위기를 겪지 않은 것도 아닙니다. 돌이켜 보면 맨 처음 공동육아 어린이집을 시작할 때부터 위기는 있었습니다. 내용인즉슨 이런 겁니다. 어린이집을 시작할 때 아이들을 잘 키우고자 하는 공동의 뜻으로 모인 엄마들이었음에도 처음에는 사이가 썩 좋지 않았다고 합니다. 교육 내용이나 아이들 반찬 같은 문제들을 놓고 티격태격 갈등을 겪었다지요. 어린이집 청소의 경우도 모든 학부모가 공평하게 돌아가면서 해야 하는데 늘 오는 사람만 와서 고생하니까 이들 입장에서는 잘 오지 않는 사람들에 대해 마음이 상할 수밖에 없었다고 합니다.

심지어는 어린이집으로 쓰던 건물이 경매(같은 종류의 물건을 파는 사람이 여럿일 때 가장 싸게 팔겠다는 사람에게서 물건을 사들이는 일, 또는 물건을 사려는 사람이 여럿일 때 값을 가장 높이 부르는 사람에게 파는 일)로 다른 사람에게 넘어갈 뻔하기도 했습니다. 다행히 모두 힘을 모아 적극적으로 대응한 덕분에 간신히 최악의 사태는 피할 수 있었습니다. 하지만 만약 그때 어린이집 건물이 넘어가 버렸더라면 오늘의 성미산 마을은 아예 탄생하지 못했을지도 모릅니다.

성미산학교를 열 때에도 처음부터 돈도 많이 들고 학부모들의 욕심 또한 아주 컸던 탓에 첫 1년 정도는 갈등도 깊었고 시행착오도 많이 겪었다고 합니다. 그러다 서로 신뢰하지 못하고 지나치게 내 아이만 잘 키우겠다는 마음으로 모인 사람들은 더러 떨어져 나가기도 했다지요. 서울시가 추진한 성미산 개발 계획도 바깥에서 닥쳐온 큰 위기였습니다. 만약 그때 성미산이 결정적으로 망가지거나, 마을 사람들의 성미산 지키기 싸움이 패배로 끝났거나, 특히 싸우는 과정에서 사람들 사이에 심각한 분열과 갈등이라도 벌어졌다면, 오늘과 같은 성미산 마을을 만들 수 있었을까요?

그렇습니다. 마을 공동체를 제대로 만들고 지속한다는 것은 결코 쉬운 일이 아닙니다. 안팎으로 수많은 위기가 도사리고 있습니다. 마을에 사는 모든 사람을 만족시켜 줄 수도 없고, 때때로 다툼과 갈등과 충돌이 벌어집니다. 소외되는 사람, 마음의 문을 닫고 이웃과 교류를 끊은 사람, 서로 헐뜯고 경쟁하는 사람, 사사건건 반대와 비판만 일삼거나 꼭 자기가 대장 노릇을 해야 직성이 풀리는 사람, 상처를 받고서 마을을 떠나는 사람도 얼마든지 생겨납니다.

성미산 마을의 경우는 위기가 닥치고 문제가 발생했을 때 어떻게든 그것을 슬기롭게 이겨 내고 해결했습니다. 아마도 서로에 대한 믿음과 공동체를 지키고자 하는 한마음을 잃지 않았던 덕분이겠지요. 성미산 마을은 외려 그런 위기를 이겨 내면서 공동체가 더욱 탄탄하게 발전할 수 있었습니다. 하지만 이런 역량을 충분히 갖추지 못한 공동체는 착실하게 발전해 나가다가도 도중에 그만 흐지부지되거나 깨지기도 합니다. 다음에서 살펴볼 부산의 물만골 공동체 사례는 이와 관련해 소중한 시사점을 던져 줍니다.

3 물만골 공동체의 안타까운 실패와 좌절

주민들이 마을 땅을 공동으로 사들인 공동체

부산시 연제구에 있는 부산시청 맞은편에서 마을버스를 타고 10분쯤 가파른 길을 오르면 산골짜기에 집들이 빼곡히 들어선 곳이 나타납니다. 황령산 기슭에 자리 잡은 이 마을이 물만골 공동체 마을입니다. '물만골'이란 '물이 마르지 않는 골짜기'라는 뜻인데, 가뭄에도 늘 물이 넉넉해서 붙은 이름이지요.

이곳에 사람이 처음 살기 시작한 것은 1950년대 초인 한국전쟁 때입니다. 그 뒤 세월이 흐르면서 농촌을 떠나온 사람들, 부산의 다른 지역에서 개발로 밀려난 사람들 등이 점차 모여들면서 마을이 형성

∴ 황령산 골짜기에 자리 잡은 물만골 공동체는 복잡하게 개발된 부산의 일반적인 모습과 달리
아직까지 소박하고 정겨운 마을의 모습을 간직하고 있다. ⓒ 최인기

되었지요. 지금은 400여 가구에 1500명에 이르는 사람들이 옹기종
기 모여 살고 있습니다.

이 마을이 공동체로 변신하는 과정은 조금 특이했습니다. 정부의
마을 강제 철거를 막아 내고, 삶터를 지키기 위해 주민들이 마을 땅을
공동으로 사들인 게 공동체의 첫걸음이었으니까요. 마을 주민들이 기
존 동네를 싹 밀어 버리는 재개발에 저항하는 경우는 더러 있습니다.
하지만 주민들이 삶터를 지키려고 아예 땅을 사들이는 경우는 유례를
찾아보기 힘듭니다. 그만큼 물만골 공동체가 처음 만들어지고 한창
무르익을 때에는 전국적으로도 커다란 주목과 관심을 끌었습니다.

행복했던 시절

이야기는 1990년대로 거슬러 올라갑니다. 마을이 형성되는 과정에서 이곳에는 점차로 허가를 제대로 받지 않은 집, 곧 무허가 주택이 많아졌습니다. 곳곳에서 밀려난 사람들이 힘겹게 집을 짓고 정착하는 과정에서 빚어진 일이지요. 그래서 이곳에서는 집을 철거하려는 행정 관청 쪽과 집을 지키려는 주민들 사이에 밀고 당기는 '줄다리기'가 오랫동안 계속돼 왔습니다. 집을 포기할 수 없는 주민들로서는 철거를 반대하는 싸움에 나설 수밖에 없었지요. 특히 1992년에는 부산시가 철거를 밀어붙이려 하자 이곳 주민들과 부산 지역 대학생들이 힘을 합쳐 열흘 동안이나 대치한 끝에 철거를 막아 내기도 했습니다. 서민의 생존권과 주거권을 가볍게 여기는 정부의 횡포에 맞서는 이런 싸움이 몇 차례 거듭되면서 자연스레 이곳 사람들은 서로 친해지고 이웃을 믿게 되고 하나로 뭉치게 되었습니다.

그러다 1995년에 이곳에도 재개발을 추진하려는 조합이 만들어졌습니다. 하지만 재개발이 강행되면, 재개발로 들어서는 아파트를 얻는 데 필요한 돈을 마련할 형편이 안 되는 이곳의 대다수 주민은 정든 삶터에서 쫓겨날 수밖에 없습니다. 그래서 당시 주민들은 그야말로 절박한 심정으로 살길을 찾아 나섰습니다. 그렇게 해서 만들어진 것이 비상대책위원회입니다. 1997~98년의 일이었지요. 이 위원회는 아파트를 건설하는 방식 대신 마을이 깃든 황령산 생태계를 되살려 생태 마을을 만드는 방안을 추진하기로 뜻을 모았습니다. 바로 이것이 물만골 공동체의 탄생을 알리는 신호탄이었습니다.

탄력을 받은 마을 사람들은 제대로 된 마을 공동체를 일구기 위해 머리를 맞대고 지혜를 짜냈습니다. 무엇보다 돋보이는 건 민주적이고 자발적인 공동체를 이루려고 많은 노력을 기울였다는 점입니다. 마을을 이끌 사람들을 주민 투표로 직접 뽑고, 마을의 중요한 일은 주민들이 모두 모인 마을 총회에서 결정한 것이 대표적인 보기지요. 그들은 마을 축제를 비롯해 갖가지 행사와 프로그램을 진행했습니다. 교육과 의료 지원 활동도 펼쳤습니다.

경제적으로 자립하려는 노력의 일환으로 봉제공장, 건설 공동체, 재활용 센터 등을 운영하는가 하면, 음식물 쓰레기 자원화 사업을 벌이기도 했습니다. 마을 환경에 맞추어 토끼와 닭도 길렀고요. 그러는 과정에서 공부방, 놀이방, 풍물패, 청소년 환경 보호 모임 같은 것들이 만들어져 마을에 더욱 건강한 활력을 불어넣었습니다. 마을 곳곳에 벽화를 그리고 미술품을 설치하여 마을 분위기를 화사하게 바꾸기도 했습니다. 마을을 두 동강 낼 마을 관통도로 건설 계획에 반대하는 싸움도 열심히 벌였고, 외부의 대학, 환경단체, 종교계, 전문가 등과의 협력과 연대 활동도 지속적으로 펼쳤습니다.

하지만 뭐니 뭐니 해도 이곳을 진정한 공동체로 거듭나게 한 결정적인 계기는 주민들이 돈을 모아 아예 땅을 사 버린 일이었습니다. 이곳 사람들은 철거, 재개발, 도로 건설 따위에 단순히 반대만 해서는 끊임없이 생활 터전이 위협받는 불안한 상태에서 벗어나기 어렵다는

∴ 물만골 공동체가 처음 탄생의 움직임을 내보일 때에는 주민들이 직접 마을을 살리기 위한
  세심한 노력을 기울였다. 사진은 마을 분위기를 밝게 바꾸기 위해 마을회관 앞 벽을 벽화로
  장식한 모습. ⓒ 최인기

걸 깨달았습니다. 아예 땅을 사서 땅의 주인이 되어야 누구도 함부로
이 마을을 건드릴 수 없으리라는 걸 절실히 느꼈다는 거지요. 이에 이
들은 1999년부터 몇 년에 걸쳐 집집마다 한 푼 두 푼 돈을 모아 집들
이 들어서 있는 땅의 대부분을 단계적으로 사들였습니다.* 그리고 그
렇게 사들인 땅은 누구도 마음대로 팔 수 없도록 처음부터 단단한 장
치를 마련해 두었습니다. 사들인 땅 전체를 주민들이 공동으로 소유

• **수백** 가구에 이르는 사람들이 함께 돈을 모아 땅을 사는 것은 결코 쉬운 일이 아니다.
  더구나 이곳 사람들 대다수가 경제적으로 넉넉한 것도 아니다. 그런데 당시는 마침 우리
  나라가 국제통화기금(IMF) 외환위기라는 큰 경제적 시련을 겪을 때였고, 그 여파로 땅값
  이 많이 떨어져 있었다. 삶의 보금자리를 지키겠다는 간절한 소망에 이런 상황이 겹치면
  서 이들의 용기 있는 시도는 성공을 거둘 수 있었다.

하도록 했고, 팔 때는 반드시 마을 공동체에만 팔도록 규약에 못을 박아 놓은 겁니다. 이리하여 이제 누구도 이들을 집에서 쫓아낼 수 없게 되었습니다.

이렇게 되자 물만골 공동체는 2002년에 자연 생태계를 살리고 쓰레기 없는 마을을 일군 공로를 인정받아 '부산 녹색 환경상'을 받았습니다. 그해에 환경부가 선정한 '자연생태 우수 마을'로 뽑히기도 했고요. 당시 선정된 11개 마을 가운데 도시 한복판에 있는 곳으로는 물만골 마을이 유일했지요.

마을 사람들은 즐겁고 기뻤습니다. 이들은 이제 어엿한 마을의 주인이 되었습니다. 나아가 자기 삶의 주인이 되었습니다. 특히 주민 대부분이 이 마을에서 오랫동안 살아왔기 때문에 이웃집 숟가락 숫자까지 알 정도로 서로 친해졌습니다. 그래서 누구 집이든 문이 열려 있으면 들어가서 얘기 나누며 놀았습니다. 또 밥 먹을 때가 되면 누구 집 밥상이든 끼어서 같이 어울려 식사를 하곤 했지요. 재개발이다 뭐다 해서 이사 갈 일도 없어졌으니 생활 또한 안정을 되찾았고요. 사람들은 마을에 대해 자부심을 느꼈습니다. 그리고 그런 골목에는 늘 인심과 정이 흘렀습니다.

공동체가 무너진 이유

하지만 이런 공동체에도 어두운 그림자가 드리우기 시작합니다. 2005년쯤에 마을을 이끌던 사람과 주변 몇몇 사람이 주민들 몰래 마을 땅을 활용해 자기들만의 사적인 이익을 취하는 일이 발생한 겁니다. 뒤늦게 이 사실을 안 주민들은 크게 분노했습니다. 마을 전체를 위해 공적으로 쓰여야 할 땅이 그런 식으로 악용되는 건 말도 안 되는 일이니까요. 마을 전체에 흉흉하고도 뒤숭숭한 분위기가 퍼졌습니다. 공동체 활동에 불신의 눈길을 보내는 사람도 생겨나기 시작했습니다. 주민들 사이에 서서히 분열의 조짐도 나타나기 시작했고요. 결국은 그 뒤 3년 가까이 공식적인 공동체 활동이 중단되고 말았습니다.

그러다 가까스로 다시 공동체를 꾸렸지만 또다시 문제가 불거졌습니다. 2009년 당시 정부로부터 '생태 자립 마을 만들기 시범마을'로 지정되고 이에 따른 자금도 지원받아 여러 가지 사업을 펼쳤으나, 그 와중에 일부 마을 사람들이 공동체 활동에 반대하는 움직임을 보이기 시작한 겁니다. 이들은 공동체 사업에 부정적인 여론을 퍼뜨리고 실제로 사업 진행을 방해하기도 했습니다. 이들은 생태 마을을 만들기보다는 개발하기를 원했습니다. 이곳의 땅값과 집값이 뛰면서 마을을 개발해야 나한테도 이익이 된다고 여기는 주민들도 점차 늘어났고요. 게다가 그런 판국에 정부 지원금을 중간에 가로챈 사람이 있다는 소문이 퍼지기도 했습니다. 그러면서 상황이 더욱 나빠져 마을이 거의 두 쪽으로 쪼개질 지경이 되고 말았지요. 의견이 다른 사람들끼리 싸우는 일이 잦아졌고, 급기야 법적인 분쟁에 휘말리기까지 했습니다.

사태가 이런 식으로 치닫자 결국은 공동체 활동을 정상적으로 펼치기가 거의 불가능해지고 말았습니다. 당장 공동체 활동을 주도할 사람을 제대로 뽑기가 어려워졌습니다. 자연스레 마을 사람들 사이도 서로 서먹서먹하고 불편해졌습니다. 이전이나 지금이나 물만골 '마을'은 그대로 남아 있지만 물만골 '공동체'는 깨지고 무너지고 있는 셈이지요. 이것이 한때 많은 사람이 주목하고 배우고자 했던 물만골 마을 공동체가 최근 처한 현실입니다.

물론 미약하나마 공동체를 되살리려는 '희망의 몸짓'이 지금도 계속되고는 있습니다. 공동체 부활을 꿈꾸는 주민들 중심으로 새로운 모임도 만들어지고 이런저런 활동이 펼쳐지고 있지요. 하지만 미래가 어찌 될지는 낙관하기 힘듭니다. 큰 상처를 입은 마을 사람들의 마음을 치유하고 다시금 뜻과 힘을 온전히 모으기란 그리 쉽지 않을 것입니다. 더군다나 마을 안팎에서 공동체를 위협하는 개발 움직임이 여전히 끊이지 않고 있습니다. 마을 입구 쪽의 아파트 단지 건설 계획, 마을 안의 대규모 지하수 개발 사업, 마을을 꿰뚫는 관통도로 건설 계획 등이 그런 것들이지요.

물만골 공동체 이야기는 마을 공동체를 만들고 발전시켜 나간다는 게 얼마나 힘든 일인지, 그 과정에서 슬프고 괴롭고 안타까운 사연들

이 얼마나 복잡하게 얽혀 있는지를 새삼 알려 줍니다. 아울러 이 이야기는 우리에게 마을 공동체를 위기에 빠뜨리는 요인이 무엇인지에 관해서도 귀띔해 줍니다. 물만골 사례의 경우 그것은 외부의 끊임없는 개발 위협, 그 개발에 대한 환상이 부추긴 개인적인 욕심, 그리고 그 욕심이 불러일으킨 사람들 사이의 불신과 분열이었습니다. 그런데, 이것이 비단 물만골 사례에만 해당하는 특수한 얘기일까요? 물만골 이야기를 통해 우리는 최근 들어 크게 유행하는 마을 공동체의 미래가 무조건 밝지만은 않다는 사실을 다시금 확인하게 됩니다.

4 어렵고 힘들구나, 마을 공동체

떠도는 '유목민'에게 공동체란?

마을 공동체가 결코 만만한 일도 아니고 마을 공동체의 앞날이 무작정 낙관적이지만은 않다는 것은 우리가 처한 현실을 냉정하게 돌아보아도 잘 알 수 있습니다. 그렇게 살펴봐야 할 현실 가운데 마을 공

동체와 관련된 대표적인 몇 가지만 소개하면 다음과 같습니다.

먼저 얘기할 것은, 수많은 현대인, 그 가운데서도 특히 우리나라 도시 사람들은 '유목민' 신세를 벗어나기 힘들다는 점입니다. 한곳에 정착하지 못하고 끊임없이 떠돌아다닌다는 얘기지요. 예컨대 서울 사람의 4분의1이 2년 안에 집을 옮긴다는 통계가 이것을 잘 보여 줍니다. 사람들이 이사를 자주 하는 이유는 다양합니다. 자녀 교육, 직장, 전세금이나 월세 인상 등이 대표적이지요. 이처럼 유목민 같은 생활을 하는 사람들에게 마을은 어떤 의미로 다가갈까요? 아니, 마을이란 말 자체가 아주 낯설게 느껴지지 않을까요? 마을만 해도 그럴 터인데, 하물며 마을 공동체라고 하면 자기와는 관계가 없는 딴 세상 이야기라고 여길 가능성이 높지 않을까요?

이것은 우선, 서울 같은 대도시에서 마을 공동체를 꾸리기가 그만큼 어렵다는 걸 뜻합니다. 하지만 이는 거꾸로, 마을 공동체를 제대로 꾸리려면 이처럼 잠시 머물다 떠나는 사람들과도 함께하고 이들을 품어 안을 수 있는 보다 창의적인 지혜와 상상력이 요구된다는 뜻이기도 합니다. 오히려 발상을 바꾸어 생각하면, 마을이란 것 자체가 늘 새로운 사람, 다른 삶과 접속하는 것이라고 여기는 게 더 현명할 수도 있겠고요.

어떻든 중요한 것은 공동체가 좀 더 다양한 사람을 폭넓게 끌어안을 줄 알아야 한다는 점입니다. 사실 마을에는 아주 다양한 사람들이 살아갑니다. 직업, 소득, 성별, 세대, 건강, 관심사, 취향, 정치의식, 이

넘적 성향 등이 모두 제각각이지요. 그러므로 이들 사이에 갈등과 분쟁, 이해관계 충돌 등이 일어날 가능성은 늘 존재한다고 봐야겠지요. 이 다양성을 제대로 품지 못하는 마을 공동체는 마을 일을 주도하거나 서로 마음 맞는 소수 사람들 중심으로 돌아가게 될 가능성이 높아집니다. 건강하지 않은 모습이지요. 그리고 이는 결국, 온전한 마을 공동체를 만든다는 게 쉽지 않다는 얘기로 다시 돌아오게 됩니다.

개발 바람과 사생활 보장은 어떻게?

또한, 우리나라는 노동시간이 길기로 세계에서 한두 손가락 안에 꼽힙니다. 그만큼 일에 시달리고 밤늦게야 퇴근하는 사람이 많다는 뜻이지요. 짐작건대 이런 사람들도 마을이나 마을 공동체를 '남의 일'로 여길 가능성이 아주 높습니다. 좀 부풀려서 말하면 이들에게 집이란 '잠자는 곳' 또는 '잠깐 쉬는 곳'에 가까울 테니까요. 이런 생활을 되풀이하는 사람들이 마을 돌아가는 일에 관심을 가지고 공동체 활동에 참여하기를 기대하기란 아주 어렵습니다. 이웃과 편하게 어울릴 시간이나 마음 여유를 갖는 것도 쉽지 않을 테고요. 이는 공동체

• **예를 들면** 이런 의문을 떠올릴 수도 있겠다. 집주인과 세입자가 한 마을 공동체의 동등한 구성원으로 만날 수 있을까? 나아가 온전한 공동체적 관계를 맺을 수 있을까? 세입자 처지에서는 집주인이 계약 기간이 끝났으니 나가라고 통보하거나, 전세금이나 월세를 올릴 때 그것을 감당할 수 없으면 딴 곳으로 이사할 수밖에 없다. 마을이 이른바 '살기 좋은 곳'이 되면 집값과 임대료가 오르기 마련이다. 이렇게 되면 가난한 사람부터 그곳을 떠날 수밖에 없다. 사람들 사이에 얽힌 이런 복잡한 사정과 이해관계를 어떻게 조절하고 풀 것인가? 마을 공동체가 풀어야 할 골치 아픈 숙제 가운데 하나다.

만들기에 장애가 되는 또 하나의 요인입니다.

다음으로, 곳곳에서 재개발이니 재정비니 뉴타운 건설이니 하는 갖가지 이름의 개발 바람이 끊이지 않는 우리 사회 도시 현실도 빠뜨릴 수 없습니다. 이런 곳에 사는 사람들 또한 마을이니 공동체니 하는 이야기가 귀에 들어오지 않으리라는 건 익히 짐작할 수 있는 일입니다. 기존에 있던 마을이 사라지고 완전히 다른 곳으로 탈바꿈하는 것이, 그리고 그 와중에 온갖 이해관계가 어지럽게 뒤얽히고 충돌하는 것이 도시 개발의 실체니까요. 보통은 그 과정에서 돈의 힘을 앞세운 탐욕과 이기심과 경쟁 같은 것들이 날것으로 불거지기 마련이지요. 이처럼 차가운 계산과 이해관계가 춤을 추는 곳에서 마을이니 공동체니 하는 얘기가 제대로 먹히길 기대할 순 없는 노릇입니다.*

한편으로, 개인과 공동체 사이의 관계를 어떻게 설정할 것인지도 민감한 논란거리입니다. 사실 아무리 공동체가 좋다고 해도 누구나 자기만의 사생활이나, 남에게 보여 주기 싫거나 알려지기를 꺼리는 개인 영역이 있기 마련입니다. 모르는 사람과 자꾸 새로운 관계를 맺고 남과 어울리는 것을 부담스러워하는 사람, 혼자서 조용히 지내는

---

* 문제가 되는 것은 도시의 개발 바람만이 아니다. 농촌 지역도 마찬가지다. 오랫동안 이어져 온 마을 공동체가 도로, 댐, 관광 리조트, 골프장 건설 등으로 인해 하루아침에 사라지거나 망가지는 경우도 드물지 않다. 도시의 경우 또 한 가지 짚을 것은, 대형 마트나 백화점이 들어서면 수십 년간 마을을 지켜 온 구멍가게, 동네 슈퍼, 동네 빵집, 재래시장 같은 것들이 큰 타격을 입거나 망할 가능성이 높다는 점이다. 이 모두 마을 공동체를 끊임없이 위협하고 망가뜨리는 불안 요소들이다.

것을 좋아하는 사람도 얼마든지 있을 수 있습니다. 공동체적인 생활을 하더라도 사람들 사이에 일정한 '거리'를 유지하는 게 때로는 필요할 수도 있고요. 공동체가 구성원들의 '사적이고 개인적인 것'을 얼마나, 어떻게 존중하고 보장할 것인가는 오늘날 모든 공동체가 해결해야 할 숙제로 남아 있습니다.

자, 이 모든 것이 마을 공동체를 둘러싸고 있는 엄연한 현실입니다. 마을 공동체 입장에서는 두루 불리한 것들이지요. 그렇습니다. 그만큼 공동체가 활짝 꽃피어 나는 세상에 이르려면 넘어야 할 산과 건너야 할 강이 많은 게 우리 현실입니다.•

• 마을 공동체 움직임과 관련해 또 하나 짚고 넘어가야 할 것은 정부 지원과 관련된 문제다. 최근 서울시 같은 지방자치단체를 비롯해 정부에서도 마을 공동체 활동에 사업비를 지원하고 있다. 하지만 이 탓에 여러 가지 부작용이 생기고 공동체 활동이 변질되고 있다는 비판과 우려의 목소리도 높다. 행정의 시각으로 단기적이고 눈에 보이는 실적과 성과를 내는 데 치우친다는 것, 행정이 정한 기준에 맞추고 또 그것에 따라 평가를 받다 보니 공동체 활동이 획일화되고 표준화된다는 것, 외부에서 들어온 자원이 공동체 활동의 동력이 되다 보니 마을 내부의 자생력과 독립성이 떨어진다는 것, 공동체 활동이 '반짝 아이디어' 중심으로 이루어짐으로써 마을과 공동체마저 상품화된다는 것, 정부 돈이 들어오니 지역 내 단체들 사이에 경쟁과 갈등이 생기고 주도권 다툼 양상이 나타난다는 것, 마을 공동체가 특정 정치인이나 세력의 업적 쌓기에 활용된다는 것 등이 대표적이다. 그래서 정부는 예산 지원만 하고 실제 활동은 정부의 지침이나 간섭 없이 마을 주민들이 자율적이고 주체적으로 꾸려 가도록 해야 한다는 지적이 높다.

1 몬드라곤이 망한다고?

이제 협동조합 이야기입니다. 협동조합은 얼마나 안녕할까요? 협동
조합은 얼마나 잘 돌아가고 있을까요? 위기나 문제는 무엇이며, 그걸
어떻게 풀어야 할까요?

먼저 들려줄 얘기는 스페인 몬드라곤에 대한 것입니다. 앞에서 소
개한 내용은 협동조합 몬드라곤이 다른 세계, 새로운 세상을 멋지게
열어 가고 있다는 것이었지요. 그런데 그런 몬드라곤에 좋은 소식만
있는 건 아닙니다.

지난 2013년 11월 몬드라곤 협동조합 그룹의 핵심 기둥 가운데 하
나인 전자제품 제조회사 파고르가 망할 지경에 놓였다는 언론보도가

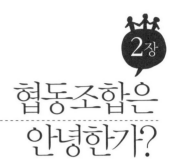

협동조합은
안녕한가?

나왔습니다. 사실 그동안 파고르는 중국을 비롯한 아시아 등지에서
값싼 제품이 쏟아져 나오는 바람에 경쟁에서 밀린 데다 스페인의 경
제 상황이 워낙 좋지 않아 운영에 어려움을 겪어 왔습니다. 매출은 크
게 줄어든 대신 빚은 엄청나게 늘었지요. 게다가 몬드라곤 그룹 전체
차원에서도 여력이 없어 제대로 도와주지 못했습니다.

전문가들 가운데에는 파고르의 몰락은 이전부터 예고되어 온 것이
라며, 위기는 이제 시작에 불과하다는 평가를 내놓는 이들도 있습니
다. 또 "몬드라곤 그룹은 스페인 안에서는 협동조합 규칙을 잘 따르
지만 외국으로 나가면 기존 자본주의 기업을 따라 한다. 파고르는 다
른 기업과 경쟁에서 이기려고 해외에서는 소수가 회사를 지배하는
형태를 취했다. 이처럼 협동조합의 정체성을 잃어버린 것이 파고르

위기의 근본 원인이다."라고 지적하는 사람도 있습니다. 그뿐만이 아닙니다. 몬드라곤 노동자들한테서도 "갈수록 회사 경영에 참여할 기회가 줄어드는 것 같다," "요새는 회사가 어떻게 돌아가는지 모를 때가 많다."는 얘기가 최근 들어 때때로 나온다고 합니다.

이런 파고르 사례는 협동조합 규모가 급속도로 커지거나 기존 기업들과 극심한 경쟁을 벌여야 할 때, 또는 외국에 공장을 두고서 현지 노동자를 고용해 운영할 때, 협동조합의 본래 정신과 운영 원리가 훼손될 수도 있다는 것을 잘 보여 줍니다. 돈벌이에만 몰두하는 기존 기업과 비슷한 모습을 보일 때도 있고, 민주주의가 깊이 뿌리내리지 못해 소수의 사람이 의사 결정을 독점하기도 한다는 거지요.

아울러 파고르 사례는 이윤 극대화와 살벌한 경쟁 중심으로 돌아가는 주류 자본주의 경제 시스템 속에서 협동조합을 어떻게 운영해야 정체성을 잃지 않으면서도 발전할 수 있는지, 협동조합이 기존 자본주의 체제와는 어떤 관계를 맺어야 하는지, 협동조합이 자본주의를 바꾸고 넘어서는 데 어떤 구실을 얼마나 할 수 있을지 등과 관련해서도 중요한 논쟁거리들을 던져 줍니다. 한마디로, 몬드라곤은 세계 협동조합 역사에서 차지하는 높은 위상만큼이나 협동조합의 미래를 헤쳐 나가는 데서도 만만찮은 과제를 던져 주고 있는 셈입니다.

2 세 번의 위기를 넘어

그런데, 세계 협동조합의 역사를 보면 지금 몬드라곤이 겪고 있는 위기는 새삼스러운 게 아닙니다. 사실 협동조합은 여러 번에 걸쳐 커다란 위기를 맞았습니다. 그때마다 위기를 이겨 내면서 오늘에 이르렀지요. 협동조합이 그동안 어떤 위기를 겪었고 어떻게 이겨 냈는지를 살펴보는 것은 협동조합의 현주소와 앞날을 헤아리는 데에도 소중한 도움이 될 것이므로 여기서 한번 짚어 보겠습니다.

신뢰, 경영, 정체성의 위기

세계 협동조합의 역사에는 크게 세 번의 위기가 있었습니다. 차례대로 신뢰의 위기, 경영의 위기, 정체성의 위기가 그것입니다.

　신뢰의 위기는 협동조합 역사의 초기에 있었습니다. 19세기 중반 무렵 협동조합이 영국에서 처음으로 닻을 올리고 유럽 곳곳으로 퍼

• 3부에서 잠깐 언급했듯이 세계 최초의 근대적 협동조합은 1844년에 당시 영국의 산업 중심지였던 랭커셔 지방의 작은 마을에서 탄생한 로치데일 협동조합이다. 낮은 임금과 가혹한 노동, 불안한 일자리에 시달리던 이 지역 노동자 28명이 힘을 합쳐 세운 소비자 생활협동조합으로, 처음에는 기본 먹거리와 생활필수품 몇 가지만을 취급하는 볼품없는 매장으로 시작했다. 하지만 눈물겨운 노력과 혁신적인 시도로 결국에는 큰 성공을 거두어 다양한 사업과 활동을 펼쳤고, 그 과정에서 수많은 노동자에게 새로운 일자리를 제공하는 것은 물론 삶의 질 향상에 큰 도움을 주었다. 로치데일 조합은 이후 세계 협동조합 운동의 주춧돌이 됐으며, 당시 여기서 정한 협동조합의 여러 원칙과 규정들 또한 그뒤 수많은 협동조합의 본보기가 되었다.

져 나갈 때, 당시 사람들은 협동조합을 아주 낯설고 이상하게 여겼습니다. 불안한 눈길로 바라보기도 했고요. 무슨 일을 어떻게 하겠다는 것인지, 저런 식으로 해서 자기들이 뜻하는 바를 과연 이룰 수 있을지, 쉽게 납득하기 어려웠던 겁니다. 믿음을 주기가 힘들었다는 얘기지요. 바로 이것이 신뢰의 위기입니다. 하지만 협동조합을 개척한 선구자들은 굳은 신념과 피나는 노력으로 이 위기를 이겨 냈습니다.

예를 들어 '세계 협동조합의 아버지'라 불리는 영국의 로버트 오언을 비롯한 초기 협동조합 선구자들은 자본주의를 근본적으로 비판하면서 모든 사람이 인간답게 살 수 있는 이상적인 협동조합 공동체를 건설하고자 했습니다. 앞에서 얘기한 세계 최초의 협동조합인 로치데일 협동조합이 탄생한 당시는 산업혁명이 본격적으로 진행되던 시기였습니다. 수많은 노동자가 가혹한 착취와 극심한 가난에 시달리던 때였지요. 그런 상황에서 협동조합 선구자들은 평등과 자유와 인간다운 삶을 누리는 공동체적 사회를 이룰 수 있다는 것을 협동조합 모델을 통해 직접 보여 주었습니다. 그 결과 실제로 당시 다양한 형태의 협동조합이 유럽 곳곳으로 빠르게 퍼져 나갔습니다. 협동의 힘으로 세상을 바꿀 수 있다는 것을 증명한 거지요. 그러면서 협동조합은 많은 사람한테서 점차로 인정을 받게 되었고, 서서히 튼튼

한 뿌리를 내릴 수 있었습니다.

두 번째로 경영의 위기가 찾아왔습니다. 2차 세계대전 이후 자본주의 시장경제가 크게 번창하면서 자본주의 일반 기업과 경쟁해야 하는 상황에 맞닥뜨리게 된 결과지요. 그래서 많은 협동조합이 조합을 발전시키는 데 꼭 필요한 경영 기법과 기술, 경험 등이 부족해 큰 어려움을 겪었습니다. 무너지고 사라지는 협동조합도 많았지요. 하지만 젊고 능력 있는 새로운 경영자들이 출현해 효율성과 경쟁력을 앞세워 이 위기를 돌파했습니다. 다국적 기업 같은 거대 자본과의 경쟁에서 살아남는 저력을 보여 준 겁니다.

그런데 이 과정에서 새로운 위기에 맞닥뜨리게 되었습니다. 바로 정체성의 위기입니다. 오늘날 협동조합은 세계적으로 10억 명이나 되는 사람들이 참여할 정도로 눈부신 성장을 이루어 냈습니다. 하지만 협동조합 운동이 본래 꿈꾸었던 이상을 만족스럽게 실현하거나 사회가 협동조합에 요구하는 바를 충분히 담아낸 건 아니었습니다. 오히려 협동조합이 기존의 자본주의 주류 경제 시스템을 보완하는 하나의 부분으로 전락해, 지금과는 다른 새로운 세상을 열어 가고자 하는 협동조합 본래의 전망과 포부를 잃어버렸다는 지적이 높아졌습니다.

협동조합이 기존 일반 기업과의 경쟁에서 이기는 것 자체는 좋은 일일지 모르지만, 그 과정에서 일반 기업과 그다지 다를 것 없는 모습으로 변질되는 게 그 대표적인 보기입니다. 규모와 경쟁력을 키우고 사업 잘해서 이익을 많이 남기는 것을 지나치게 중시하다 보니 조합원의 자발적 참여가 줄어들고 민주적인 운영 원칙도 흐릿해지는 일이 자주 생기게 된 거지요. 주인이자 주체여야 할 조합원이 단순한 고객으로 변하는 일도 벌어졌고요. 방금 얘기한 몬드라곤의 위기가 이런 경우에 해당합니다.

밝은 미래는 저절로 오지 않는다

그래서 이런 현실을 깊이 반성하면서 협동조합이 본래 정체성을 되찾고 시대와 사회 변화의 흐름에 발맞추어 새롭게 거듭나야 한다는 목소리가 높아진 건 자연스러운 일이라고 할 수 있습니다. 이에 1980년대 이후 협동조합의 올바른 미래를 깊이 고민하는 사람들이 새로운 길을 제시하고 나섰습니다. 이들은 지금 우리를 지배하는 현실의 핵심을 꿰뚫어 보았습니다. 즉, 돈과 물질 중심의 자본주의 산업문명이 일으키는 문제들이 갈수록 심각해지고, 인류와 지구 미래를 위협할 정도로 환경 파괴와 석유 고갈 같은 에너지 위기가 깊어지며, 무작정 끝없는 성장만을 떠받드는 경제성장의 신화가 허물어지고 있는 게 지금 우리 시대의 참모습이라는 거지요.

그래서 이들은 협동조합이 노력해서 해결해야 할 몇 가지 과제를 정리해서 내놓았습니다. 세계적인 굶주림과 가난을 몰아내는 것, 좋은 일자리를 많이 마련하는 것, 지속가능한 세상을 만드는 것, 인간다운 지역 공동체를 건설하는 것 등이 바로 그것입니다. 앞의 3부에서 상세히 살펴봤듯이, 오늘날 협동조합이 다시금 세계 사람들의 커다란 주목과 관심을 모으게 된 건 협동조합이 이런 일들을 열심히 해 온 덕분입니다. 최근 우리나라는 물론 전 세계를 휩쓸고 있는 경제 위기, 삶의 위기, 공동체의 위기 등을 해결할 실마리가 협동조합에 있으리라는 희망과 기대가 부쩍 커지고 있는 것도 이런 흐름의 결과이고요.

협동조합의 이런 굴곡진 역사는 협동조합을 올곧게 만들고 협동조합 정신에 걸맞은 활동을 펼치는 것이 순탄하지만은 않았다는 사실을 잘 보여 줍니다. 역사의 고비마다 제각각 다른 위기가 끊임없이 찾아왔고, 그 와중에 위기를 극복하지 못한 채 사라져 가거나 변질한 협동조합도 많지요.

오늘날 협동조합이 한창 '뜨고' 있는 건 사실입니다. 하지만 역사가 일러 주듯이, 협동조합이 건강하게 번창하는 미래가 저절로 오지는 않을 것입니다. 위기는 협동조합 안에서 말미암을 수도 있고 밖에서

들이닥칠 수도 있습니다. 최근 우리 사회에 불고 있는 협동조합 바람은 물론 반갑고 기쁜 일입니다. 하지만 이와는 별개로, 협동조합의 지금 선 자리와 앞으로 갈 길을 보다 냉철하게 따져 볼 필요가 있습니다.

3 '두 마리 토끼'를 어떻게 잡을 것인가

아마도 그런 작업의 첫걸음은 협동조합의 장점과 매력뿐만 아니라 단점과 약점도 정확하게 인식하는 일일 것입니다. 마을 공동체와 마찬가지로 협동조합 또한 빛과 그늘을 동시에 거느리고 있기는 마찬가지니까요. 이런 맥락에서 먼저 협동조합의 본질적 약점으로 지적되는 것들부터 살펴보면 다음과 같습니다. 보통 세 가지를 꼽지요.

첫 번째는 돈을 끌어오는 것, 곧 자본 조달이 어렵다는 점입니다. 투자자를 끌어들이거나 은행 같은 금융기관에서 돈을 원하는 만큼 빌리려면 최대한 이익을 많이 남겨서 높은 경영 성과를 보여 주어야 합니다. 그런데 협동조합의 궁극적인 목적은 이런 게 아닙니다. 악착같이 돈만 많이 벌기보다는 참여하는 조합원 모두가 수익을 골고루 나누어 더불어 잘살자는 것이 협동조합의 본래 정신이니까요. 그래서 협동조합을 제대로 된 기업으로 여기지 않는 기존 금융기관들은 대개 협동조합과 거래하는 걸 반기지 않습니다. 믿고 돈을 맡기거나 빌려주기를 꺼리는 거지요.

두 번째는 협동조합의 주요 원칙 가운데 하나인 '1인 1표 민주주의'가 낳을 수도 있는 부작용입니다. 민주주의를 실천하려다 보니 의사 결정이 늦어질 때가 더러 있습니다. 또 책임은 지지 않은 채 큰 목소리만 내거나 자꾸 딴죽을 거는 조합원도 얼마든지 있을 수 있습니다. 결국, 모든 사람의 의견을 다 듣고 서로 다른 주장을 조절한 뒤에야 비로소 어떤 결정을 내릴 수 있다면 도대체 일을 제대로 추진할 수 있겠느냐는 거지요. 특히 우리 사회는 아직 민주주의 문화가 깊이 뿌리내리지 못했습니다. 그 탓에 많은 사람이 토론하고 양보하고 타협하는 일에 서툰 편입니다. 서로 다른 의견을 조절해 합의를 이끌어 내기가 쉽지 않다는 얘기지요. 이와 관련해 협동조합에는 제대로 된 '주인'이 없어서 일에 대한 책임감과 효율성이 떨어진다고 지적하는 사람들도 있습니다. 그러니까, 협동조합처럼 구성원 모두가 주인이라면 그건 주인이 없다는 말과 마찬가지일 수도 있다는 겁니다. 그런 상태에서는 누구도 자기 일이라는 명확한 책임의식을 느끼기가 어렵지 않겠느냐, 과연 누가 스스로 희생하고 헌신하면서 최선을 다해 일하겠느냐는 문제 제기인 셈이지요.

세 번째는 실력 있는 고급 인재를 끌어들이기 어렵다는 점입니다. 일반 기업에서는 자본을 많이 투자한 대주주나 극소수 최고 경영진이 일반 직원의 수십 배에서 때로는 수백 배에 이르기도 하는 엄청난 돈을 가져갑니다. 하지만 협동조합은 고위 직원과 하위 직원 사이에 급여 차이를 크게 두지 않습니다. 설사 그 차이가 크더라도 보통 몇

배 이상을 넘어서지는 않지요. 그 결과 개인 능력이 아무리 뛰어나도 다른 일반 기업에 견주어 작은 액수의 급여를 받게 되니, 그런 인재를 끌어들이기가 쉽지 않을 수 있습니다.

이렇게 보면, 결국 협동조합은 만만찮은 이중의 과제를 동시에 해결해야 한다는 것을 알 수 있습니다. 즉, 이익을 많이 내는 게 가장 중요하거나 최우선적인 목표는 아니라 하더라도, 우선은 경영을 잘해서 사업이나 활동의 경쟁력을 갖추어야 하고 조합의 지속가능한 물질적 토대를 마련해야 합니다. 그러지 않으면 문을 닫아야 하니까요. 이것은 좋든 싫든 피할 수 없는 현실임에 분명합니다. 또한 민주주의 원칙을 지키면서도 의사 결정이나 일 추진을 효율적으로 해야 합니다. 말하자면, 협동조합의 본래 정체성과 정신을 올곧게 간직하면서도 운영 또한 잘해서 성과를 내야 한다는 얘기지요. 이는 곧, 협동조합의 두 가지 '얼굴', 곧 경제적 가치와 사회적 가치 사이에 역동적인 균형과 조화를 유지하면서 이 둘을 동시에 이루어 내야 한다는 뜻이기도 합니다. '두 마리 토끼'를 한꺼번에 다 잡아야 한다는 얘기지요. 하지만 이것이 결코 쉬운 일이 아니라는 것은 두말할 필요도 없습니다.

4 협동조합, 갈 길은 멀다

5명이 뜻만 모으면 누구나 어렵잖게 만들 수 있는 게 협동조합입니다. 하지만 그렇게 시작한 뒤 제대로 성과를 내면서 지속적으로 활동을 펼치는 것은 여간 어려운 일이 아닙니다.

사실 따지고 보면, 협동조합을 한다는 것은 겉으로 내세우는 명분이나 목표가 어떻든 여러 사람이 동업을 한다는 것과 크게 다르지 않습니다. 한데 툭하면 티격태격하고 깨지고 갈라서는 게 이 동업이라는 겁니다. 오죽하면 '형제 사이에도 동업은 하지 마라,' '아무리 친한 친구 사이라도 동업은 피해라' 같은 말이 사람들 입에 오르내릴까요? 그래서 시작은 협동조합으로 했다가도 나중엔 각자가 자기 사업을 하면서 자기 몫을 챙겨 가는 일이 벌어지기도 합니다.

또한, 어디든 다 그렇듯이 협동조합에도 온갖 사람들이 모입니다. 협동조합을 한다면서도 돈, '자리', 사회적 지위나 명예 등과 관련해 자신의 이기적 욕심과 이해관계를 앞세우는 사람, 중요한 일은 자기가 다 하는 척하면서 자기 얼굴이나 이름을 내세우기 좋아하는 사람, 양보나 타협과는 담을 쌓은 채 걸핏하면 자기 고집만 피우는 사람, 사소한 일에도 상처를 입거나 마음이 상해 돌아서 버리는 사람, 조합 활동을 자신의 정치적 경력 쌓기나 다른 사업 기회 만들기나 인맥 넓히기 용도쯤으로 활용하려는 사람 등을 비롯해 별의별 사람이 다 있지요. 이 모두 갈등과 분쟁의 씨앗이 될 수 있고, 조합 활동을 원만하게 펼치는 데 걸림돌이 될 가능성이 높습니다.

때로는 협동조합이 일반 기업처럼 조직 이기주의에 빠지는 모습을 보이기도 합니다. 자기 조합의 생존과 성장을 앞세우느라 다른 조합이나 기업과 지나치게 경쟁하는 바람에 협동은 사라지고 경쟁만 남기도 합니다. 그러다 보면 기존의 일반 기업과 비슷해질 가능성이 높아집니다. 많은 사람에게 다가가느라 문턱을 낮출수록 미래의 새로운 대안이 아니라 기존 체제를 보완해 주는 구실에 그친다는 비판을 듣기도 하고요.* 특히 생협 운동에 대해서는 중산층 이상의 잘사는 사람들이 몸에 좋은 먹거리를 찾아서 먹는 '중산층 운동'아니냐고 비아냥거리는 사람들도 더러 있지요.

반대로 협동조합의 본래 정신을 지키고 살리는 것도 어려운 일이기

• **협동조합은** 새로운 대안 경제의 핵심으로 꼽히기도 하지만, 이에 대해 협동조합이 과연 기존 자본주의 경제 시스템을 넘어설 수 있느냐 하는 보다 근본적인 문제도 제기된다. 협동조합 또한 자본주의 경제 안에서 존재하는 것이므로 시장이나 상품 거래 방식 등을 비롯해 자본주의적 경제 시스템에 대한 의존을 피할 수는 없다. 생존과 발전을 위해 성장이나 효율 중심의 자본주의식 경영 방식을 받아들이기도 한다. 협동조합이 정부 보조금을 받는 경우도 흔하다. 협동조합이 기존 체제를 대신하는 게 아니라 그저 부분적으로 보완하고 개선하는 역할에 그친다는 지적이 나오는 까닭이다. 그러나 이에 대한 강력한 반론도 있다. 협동조합 운동은 자본주의적인 상품 - 화폐 관계를 넘어 협동과 신뢰를 바탕으로 새로운 호혜적 관계를 만드는 것이므로 자본주의와는 질적으로 다르다는 것이다. 협동조합의 '1인 1표 민주주의'도 자본주의 기업의 지배 및 운영 구조와는 근본적으로 다른 점이다. 이런 얘기를 더 밀고 나가면, 협동조합을 비롯한 사회적 경제가 전 세계적으로 더욱 널리 퍼지고 서로 유기적으로 연결된다면 자본주의에 맞서는 강력한 대안 경제의 틀을 새롭게 만들 수 있다는 주장으로 연결된다. 이 문제는 뜨거운 논쟁거리다. 두 견해를 종합하면, 협동조합이란 '자본주의 경제 안에서 만들어 가는 비자본주의적 대안'이라고 할 수 있지 않을까?

는 마찬가지입니다. 다시 생협의 예를 들면, 개인이나 가족 차원에서 건강에 좋은 먹거리를 사 먹는 수준을 넘어 좀 더 높은 단계로 조합원을 이끌기가 아주 힘들다고 합니다. 그러니까, 단지 몸에 좋은 먹거리를 사려고 생협에 가입하는 사람들을 설득하여 마을 공동체 활동을 펼치거나 농업·환경·생명을 살리는 일처럼 생협이 꿈꾸는 보다 높은 가치를 교육하고 나아가 그런 활동에 동참하도록 이끄는 일이 쉽지 않다는 거지요. 그런 변화의 속도도 너무 느리고요. 또 농민들에게 생협 정신에 따라 유기농을 하자고 하면 농사도 안 지어 본 사람들이 현실도 모르고 말도 안 되는 소리를 한다는 지청구를 듣거나, 심지어는 '웃기는 놈', '사기 치는 놈'이라는 험한 소리를 얻어먹기까지 합니다.*

생협을 보기로 들었지만, 아마도 이런 고민을 털어놓자면 다른 수많은 협동조합에서도 비슷한 얘기가 끝도 없이 이어질 것입니다. 더구나 우리 사회에는 아직도 협동조합을 잘 모르거나 낯설어하거나 미심쩍어하는 사람이 적지 않습니다. 짧은 기간에 새롭게 생겨난 수많은 협동조합 가운데 제대로 된 사업이나 활동을 옹골지게 펼치는 곳이 그리 많지 않은 것 또한 사실이고요. 이래저래 협동조합을 둘러싼 안팎의 현실이 녹록하지 않다는 얘기지요. 협동조합, 아직 갈 길이 멉니다.

• **게다가** 농사를 짓는 대신에 도로도 크게 내고 '폼 나는' 관광·레저시설 같은 걸 갖추어야 농촌이 발전한다고 여기는 사람도 적지 않다. 그래서 이런 곳에 '의식'과 사명감을 갖춘 외부 사람, 예컨대 도시에서 귀농한 사람 등이 들어와 공동체니 유기농이니 협동조합 같은 걸 앞세우면서 마을을 변화시키려고 하면, 그곳에 본래부터 살고 있던 토박이들은 종종 거부감을 보인다. 때에 따라선 갈등과 분쟁으로 치닫기도 한다.

참된 변화란 뭘까?

이제까지 마을 공동체와 협동조합에 대한 비판적 논의를 중심으로 공동체를 바라보는 다양한 시선들을 살펴보았습니다. 그 연장선에서 어떤 이들은 이런 의문을 던집니다. 마을이나 협동조합 같은 공동체가 이 거대한 세상과 철옹성 같은 기존 질서를 과연 얼마나 바꿀 수 있을까 하고 말입니다. 또 곁들여 이런 비판을 하기도 합니다. 마을이든 협동조합이든 공동체 밖의 세상은 온갖 모순과 부조리로 가득 차 있는데, 공동체 안에서 공동체 사람들끼리만 행복하게 잘살면 다냐 하고 말입니다. 이런 질문이나 비판은 깊이 새겨야 합니다. 공동체의 의미와 위상과 꿈, 공동체를 하려는 이유와 목적 등과도 두루 연결되는 얘기들이니까요.

공동체는 세상을 어떻게 바꿀까?

3장

과연 공동체는 세상을 바꿀 수 있을까요? 사람을 바꿀 수 있을까요? 바꿀 수 있다면 얼마나, 어떻게 바꿀까요? 그 과정에서 세상의 변화와 사람의 변화 사이, 공동체 안과 밖 사이의 관계는 어떻게 될까요? 나아가 공동체가 세상을 제대로 바꾸려면 무슨 일을 어떻게 해야 할까요?

결론부터 말하지요. 공동체는 세상을 바꾸고 삶을 변화시킬 수 있는 아주 유력한 길입니다. 비록 여러 가지 한계와 문제와 약점을 안고 있더라도 말입니다. 또한 그 길이 때로는 멀고 험난할지라도 말입니다. 그럼, 이렇게 얘기하는 근거는 뭘까요? 우리는 이것을 '참된 변화란 뭘까?'라는 관점에서 두 가지로 살펴볼 수 있습니다.

1 낮은 것의 높은 뜻, 작은 것의 큰 힘

첫 번째는, 진정한 변화는 한꺼번에, 전면적으로, 위나 '큰 것'으로부터 이루어지는 게 아니라 서서히, 단계적으로, 아래나 '작은 것'으로부터 이루어진다는 점입니다.

세상을 바꾸는 방식이나 경로, 형태는 물론 다양합니다. 하지만 통쾌하게 '한 방'에 '모든 것'을 바꾸는 변화란 없습니다. 그런 변화는 관념이나 상상 속에서나 존재할 뿐 현실에서는 있을 수 없습니다. 만약에 있다면 겉으로 그렇게 보이는 것일 뿐이지요. 설사 진짜로 있다고 해도, 그런 식의 변화는 보통 기초가 탄탄하지 못합니다. 시간적으로 오래가지 못합니다. 내용에서도 건강하지 못할 가능성이 높습니다.

모든 변화는 어느 날 갑자기 완성된 '결과'로 하늘에서 뚝 떨어지는 게 아닙니다. 끝없이 이루어 가는 '과정'입니다. 말하자면, 작은 것의 변화가 널리 퍼져 나가고 작은 것들끼리의 연대가 넓어지고 깊어지면서 비로소 큰 것도 바꿀 수 있게 된다는 거지요. 이는 시간적으로도 그러하고 공간적으로도 그러합니다. '작은 시간'에 이루어지는 변화가 하나씩 둘씩 모이고 쌓일 때, 동시에 '작은 곳'의 변화 또한 하나씩 둘씩 모이고 쌓일 때, 그때 비로소 세상 전체의 큰 변화가 끊임없는 흐름으로 이루어집니다.

또한 참된 변화는 본디 밑으로부터, 아래로부터 이루어지기 마련입니다. 집을 어떻게 짓던가요? 밑바탕 기초부터 탄탄하게 다지고,

골격인 기둥과 벽을 세우고, 지붕을 얹는 과정을 차근차근 밟아 나가는 게 모든 건축의 기본 순서지요. 수많은 '풀뿌리'가 한데 힘을 모아 자발적이고 능동적으로 만들어 내는 변화의 모습이 이러합니다.

이에 견주어 위로부터 '내리꽂히는' 변화는 어떨까요? 이런 변화는 단기적이고 가시적으로는 뭔가 이루어진 것처럼 보일지 모릅니다. 하지만 알고 보면 허깨비 또는 모래성 같은 것일 가능성이 높습니다. 변화의 '껍데기'가 아닌 '알맹이'를 채우는 데 반드시 필요한 튼실한 토대와 충실한 과정이 빠져 있는 탓이지요. 집을 지을 때도 지붕 공사부터 할 순 없는 노릇이듯이 말입니다.

공동체가 '세상을 바꾸는 힘'이라고 할 수 있는 중요한 이유 가운데 하나가 여기에 있습니다. 마을이든 협동조합이든 공동체 하나하나만 보면 작고 낮고 보잘것없어 보입니다. 게다가 갖가지 우여곡절과 시행착오를 거치면서 비틀거리고 기우뚱거리면서 나아가는 게 공동체의 모습이지요. 하지만 참된 변화는 바로 거기서 시작됩니다. 우리 역사가 낳은 걸출한 시인 김수영은 자신의 시 〈풀〉에서 "바람보다 늦게 누워도 / 바람보다 먼저 일어나고 / 바람보다 늦게 울어도 / 바람보다 먼저 웃는" 게 풀이라고 노래했습니다. 공동체가 바로 이런 풀 같은 것입니다. '낮지만 높은 뜻'을 품은 '작은 것의 큰 힘'이라고나 할까요? 거친 들판에 납작 엎드려 있는 게 여리디여린 풀입니다. 그러나 바람보다 먼저 일어나고 바람보다 먼저 웃으며 이 세상에 생명의 기운을 불어넣는 게 또한 풀입니다. 공동체가 그러하고, 또 그러해야 합니다.

2 사람의 변화와 함께

나는 이렇게 달라졌다

두 번째는, 참된 변화는 사람의 변화와 함께 이루어진다는 점입니다.

공동체가 세상을 바꾸는 강력한 힘이라고 얘기할 수 있는 또 하나의 중요한 근거는 공동체가 사람의 변화를 이루는 데 안성맞춤이기 때문입니다. 사람은 그대로인데 구조, 시스템, 제도, 법 같은 것들만 바뀐다고 해서 그걸 진정한 변화라고 할 수 있을까요? 물론 이런 측면도 아주 중요하긴 합니다. 더구나 이런 측면에서의 변화가 거꾸로 사람의 변화를 일으키기도 하지요. 하지만 사람은 변하지 않은 채 이런 식의 변화에만 머문다면 그건 언제든 무너져 내리거나 뒷걸음질하거나 비틀릴 위험이 큽니다.

변화를 실제로 일으키는 '동력'도 사람이고 변화의 내용을 채우는 '알맹이'도 사람입니다. 세상을 이루고 움직이는 주체 또한 사람입니다. 그러므로 사람의 변화 없이는 참된 변화란 불가능합니다. 설령 그런 변화가 이루어진다 해도 그것은 '속 빈 강정'이나 다름없습니다. 좀 부풀려서 말하면 세상의 변화는 사람의 변화에서 시작되고 사람의 변화에서 끝난다고 해야 할지도 모릅니다.

바로 이 대목에서 공동체는 커다란 장점과 매력을 지니고 있습니다. 이기심, 탐욕, 경쟁, 지배가 아니라 연대, 협동, 상호부조, 공생, 민주주의의 원리로 만들어지고 돌아가는 곳이 공동체입니다. 이것은 공동체를 구성하는 원리인 동시에 공동체 구성원들의 삶을 규정하고 이끌어 가는 원리이기도 하지요. 그래서 마을이건 협동조합이건 공동체에 참여하는 사람들은 대체로 자기중심으로만 살아가는 개인주의적 인간에서 다른 사람과 더불어 살고 어울릴 줄 아는 '관계적' 인간으로 변화할 수 있습니다. 물질적 이해관계를 우선시하는 '경제적' 인간에서 '공적인 것'에 대한 관심과 참여를 중시하는 '사회적' 인간으로 성숙할 가능성이 높습니다. 돈 많이 버는 게 가장 큰 목적이고 자기와 가족만 챙기던 사람이 세상일과 이웃 사람들 살아가는 모습에 새롭게 눈을 뜨고 사회를 바꾸는 일에 동참하는 사람으로 변한다는 얘기지요.

예를 들어, 이전엔 '뭘 먹는 것 하나 가지고 저렇게 유난을 떠나?' '유기농이 어쩌고저쩌고하지만 못 배운 농민들이 뭘 알겠어?' 하던 사람이 생협 활동을 하면서는 땅을 살리고 농업을 살리고 생명을 살리는 일이 얼마나 귀한지를 깨닫고서 생태적 생활방식을 실천하는 사람으로 거듭나기도 합니다. 그래서 이렇게 변한 사람은 생협에서 주문한 물품이 왔을 때 이웃이 그게 뭐냐고 물으면 "이걸 먹으면 내 몸이 건강해진다."가 아니라 "이걸 먹으면 땅이 건강해진다."라고 대답할 수 있게 됩니다.

또 마을 공동체 활동을 벌이는 사람들은 "이 마을에서 살지 않았다면 아이들한테만 '올인' 하는 삶을 살았을 거예요. 만날 공부만 하라고 다그치고… 아마 제 삶은 없었겠죠. 지금처럼 남편과 함께 인생이나

∴ 밀양 송전탑 건설 반대 운동을 하느라 농사를 짓지 못하는 어르신들을 돕고 그들의 목소리에
　힘을 보태기 위해 나선 성미산학교 학생들 모습. 공동체 활동은 개인 우선의 생각을 이웃과
　우리 중심의 생각으로 바꾸게 하는 계기를 만든다.

사회를 논할 수 있었을까요?" "이전에 강남에 살 때는 500만~600만 원을 써도 부족했는데 이 마을에 들어오니 수입은 적지만 쓰는 데 부족하지 않아요. 사는 데 큰돈이 필요하지 않다는 걸 알게 됐죠." 같은 얘기들을 털어놓기도 합니다.

그뿐만이 아닙니다. 공동체에서는 끊임없이 의논하고 토론하고 타협하는 민주주의 훈련을 하게 되므로 민주적 덕성을 갖추는 데에도 큰 도움이 됩니다. 공동체 활동을 열심히 하는 사람은 대체로 주부를 비롯한 여성이어서, 남편이자 아버지로서 권위적이었던 남성이 공동체 활동에 참여하면서 양성평등 의식을 갖춘 사람으로 바뀌는 경우도 종종 있고요.

무엇보다 깊이 되새길 것은, 우리 문제는 우리가 힘을 합쳐서 해결하고 우리 일도 우리 힘으로 풀어 나가자는 게 공동체라는 점입니다. 내 삶에 영향을 미치는 일을 내가 결정하고자 하는 것이 공동체입니다. 그래서 공동체에 참여하는 사람들은 자연스레 자기 삶의 주체이자 주인으로 거듭나는 경험을 하게 됩니다. 그러면서 남을 아끼고 도울 뿐만 아니라 스스로를 높이고 사랑할 줄 알게 됩니다. 이는 곧, 사람이라면 누구한테나 가장 중요한 인간의 존엄성을 공동체를 통해 자각하고 또 자기 삶에 새겨 넣게 된다는 뜻이지요. 아마도 공동체 사람들이 느끼는 행복, 만족감, 내면의 평화 같은 것들의 가장 깊은 뿌리가 바로 이것이라고 해야 하지 않을까요?

'다른 방식으로 산다는 것'의 의미

한편으로, 얼핏 생각하면 공동체가 개인의 자유를 구속한다고 지레 짐작하기 쉽지만 사실은 그 반대일 때도 많습니다. 실제로도 공동체 생활을 하면서 오히려 차원 높은 자유를 맛보는 사람이 적지 않습니다. 참된 공동체란 자유롭고 개성 있는 개인들의 자율적이고 자발적인 관계로 이루어지는 곳이기 때문이지요. 이런 곳에서 개인은 '닫힌' 개인이 아니라 '열린' 개인이 됩니다.

즉, 이기적으로 고립되고 단절된 개인이 아니라 서로 돕고 어울릴 줄 아는 개인, 낱낱으로 흩어지고 쪼개진 개인이 아니라 서로 연결되고 관계 맺는 개인, 그리하여 자기 안으로 축소되는 개인이 아니라 이웃과 사회로 확장되는 개인이 된다는 겁니다. 생각해 보면 이런 개인들의 호혜적 관계망을 개인에서 마을로, 지역으로, 국가로, 전 지구로 넓히자는 것이 곧 공동체 운동이지요.

여러 공동체 사례들을 들여다보면 우리는 이처럼 공동체를 통해 삶의 전환을 경험한 사람들, 그럼으로써 자기 삶을 새롭게 설계하고 창조하는 사람들을 자주 만나게 됩니다. 이들은 대개 스스로를 진심으로 사랑하고 생각과 삶을 일치시키려는 사람들, 서로 돕고 나누고 돌보고 더불어 사는 데서 즐거움을 느끼는 사람들입니다. 새로운 행복과 삶의 의미를 찾아 가는 사람들이지요.

바로 이런 사람들이 자기들이 살아가는 원칙과 방식, 자기들이 지향하는 가치와 꿈에 걸맞게 세상을 바꾸어 갑니다. 공동체를 통해 스스로도 바꾸고, 이웃을 비롯한 주변 사람들과 더불어 마을이나 내가 몸담고 있는 조직도 바꾸고, 나아가 더 넓은 사회와 세상도 바꾸게 된다는 겁니다.* 아니 어쩌면, 다른 방식으로 사는 것 자체로도 이미 기존 세상에 대한 저항과 새로운 세상의 창조를 실천하는 셈이 되는 것인지도 모르고요.

• **앞의** 3부에서 협동조합 도시 원주에 대해 얘기한 적이 있다. 그런데 원주에서 협동조합 운동이 꽃을 피우기 시작하던 시기는 1970년대로, 당시는 쿠데타로 권력을 거머쥔 박정희 군사독재 정권이 지배하던 때였다. 민주주의와 인권이 철저하게 짓밟히던 '암흑의 시절'이었다. 한데 정권 입장에서는 협동조합이 눈엣가시였다. 협동조합이 '민주주의 학교'로서 수많은 사람을 깨우쳐 민주적인 인간으로, 곧 주체적이고 자율적인 인간으로 변모시켰기 때문이다. 정치의식, 사회에 대한 관심, 현실 비판 능력 등이 없어서 위에서 시키는 대로 고분고분 말을 잘 듣는 사람이 많아야 독재 권력을 맘껏 휘두를 텐데, 협동조합은 그와는 반대되는 사람들을 길러 낸 것이다. 그래서 당시 협동조합은 권력의 심한 탄압을 받았다. 하지만 거꾸로 바로 그 때문에 협동조합 운동은 우리 사회 민주화 운동에서 중요한 몫을 해낼 수 있었다. 더구나 그 뒤 협동조합 가운데서도 특히 생협 운동은 생활문화 운동, 지역자치 운동, 생명 운동, 환경 운동 등과 결합하면서 우리 사회의 변화에 값진 구실을 했다. 2부에서 살펴본 도시 공동체 운동의 역사에서도 우리는 도시 빈민들이 생존권을 지키려고 펼친 공동체 운동이 우리 사회 민주화를 앞당기는 데 크게 이바지했다는 사실을 확인한 바 있다. 공동체는 이런 방식으로도 세상을 바꾼다.

3 거대한 둑을 무너뜨리는 구멍

마을이든 협동조합이든 공동체 하나하나만 따로 떼어서 보면 하찮아 보일지도 모릅니다. 또 얼핏 보면 작고, 연약해 보이고, 따로따로 떨어져 있고, 자기들끼리만 잘살자고 모인 것처럼 여겨질 수도 있습니다. 그래서 공동체가 미래의 희망이나 대안이 되기는 어렵다고 주장하는 사람도 더러 있습니다.

물론 이런 견해가 전적으로 틀렸다고 단정하기는 어렵습니다. 하지만 방금 살펴보았듯이, 세상을 바꾸고 그럼으로써 미래의 새로운 희망이자 대안이 될 수 있는 힘과 가능성이 공동체에 담겨 있다는 것 또한 엄연한 사실입니다. 세상을 바꾸는 변화의 동력과 계기를 공동체가 만들어 내고, 그리하여 공동체가 세상을 바꾸는 '지렛대'이자 '마중물'이 너끈히 될 수 있다는 거지요.

그 근거는 크게 두 가지였습니다. 간추리면 이렇게 되지요.

- 세상의 참된 변화란 아래로부터, 작은 것부터, 서서히 이루어지는 것이다.
- 세상의 참된 변화란 사람의 변화와 함께 이루어지는 것이다.
- 이 두 가지를 공통적으로 잘 해낼 수 있는 것이 바로 공동체다.

자 그렇다면, 이처럼 세상의 변화를 이루기 위해 공동체가 특히 열심히 해야 할 일은 무엇이고 주의해야 할 것은 뭘까요? 뭘 어떻게 해야 세상을 제대로 바꿀 수 있을까요?

　먼저 강조할 것은, 기존의 주류 사회 시스템과 구조를 바꾸려는 노력을 게을리해서는 안 되고 또 그런 관점을 놓쳐서도 안 된다는 점입니다. 우리끼리만 오순도순 행복하게 살면 된다는 식의 자족적이고 폐쇄적인 사고방식은 공동체를 사회와 동떨어진 '당신들만의 천국'으로 만들 위험이 있습니다.

　공동체의 안과 밖은 서로 이어져 있습니다. 그래서 밖은 내버려 둔 채 안에서만 잘살 궁리를 하다간 결국에는 그 안마저도 무너지거나 고장이 날 가능성이 높습니다. 공동체는 늘 자신의 밖, 곧 다른 지역, 전체 사회, 국가, 지구가 겪고 있는 문제들에 대한 관심의 끈을 놓지 않아야 합니다. 그러면서 그것들을 늘 자기 문제와 연결 짓고 자기 문제로 품어 안을 줄 알아야 합니다. 안과 바깥이 함께 가는 것, 그것이 참된 공동체입니다. 그래야 공동체가 세상을 바꿀 수 있습니다.

　다음으로 얘기할 것은, 바로 그래서 소통과 연대가 아주 중요하다는 점입니다. 이것은 공동체 안에서도 그러하고, 공동체 안과 밖 사이에서도 그러하고, 공동체들끼리도 그러합니다. 앞에서 얘기했듯이 본디 공동체란 아주 다양합니다. 한 공동체 안에도 수많은 다양성이 뒤섞여 있는 마당에, 공동체들 사이나 공동체의 안과 밖 사이에 얼마나 많은 다양성과 '차이'가 복잡하게 뒤얽혀 있을지는 불을 보듯 빤한 일이지요. 서로 다른 가치, 정체성, 문화, 관계들을 공생과 조화로 이끌 수 있는 무슨 대단한 비법이나 신기한 비결이 따로 있는 건 아닙니다. '열쇠'는 소통과 연대입니다.

그리고 이런 소통과 연대를 가능하게 해 주는 것은 민주주의입니다. 열린 대화와 끊임없는 토론, 정보와 의사 결정 과정의 투명한 공개가 그 핵심이지요. 다수의 뜻을 신중하게 모아 가면서도 소수 의견을 세심하게 배려할 줄도 알아야 하고요. 이런 민주주의를 토대로 소통과 연대가 원활하게 이루어질 때 공동체의 힘과 지혜는 더욱 커지고, 세상을 바꾸는 에너지 또한 거기서 나오게 됩니다.[•]

공동체가 세상을 바꾸는 것이 그리 호락호락한 일이 아닌 것만은 분명합니다. 갖가지 장애물과 함정이 곳곳에 도사리고 있습니다. 안팎으로 풀어야 할 숙제들이 수두룩하지요. 하지만 적어도 이렇게 말할 수는 있을 듯합니다. 어렴풋하게나마 희망을 노래할 순 있다고

• **공동체에서** 연대가 세상을 바꾸는 보기를 하나 들자면 이런 것이다. 공동체가 살아 있는 건강한 지역에는 대체로 협동조합 운동, 환경 운동, 교육 운동, 도서관 운동, 복지 운동 등이 활발하게 돌아간다. 이들이 지니고 있는 논리와 가치, 운동 방식과 지향 등은 저마다 조금씩 다르다. 각자 고유의 활동을 펼친다. 하지만 이들이 공동체의 이름으로 연대하면 지역을 바꿀 수 있고, 그 힘으로 세상을 바꿀 수도 있다. 예컨대 선거 국면에서 이들이 힘을 합쳐 여론과 지역 분위기를 움직이면 원하는 사람들을 국회의원, 시장, 구청장, 군수, 지방의원 등으로 뽑을 수도 있고, 그렇게 되면 그 지역의 정치와 행정을 주도할 수 있다. 그런 힘으로 필요한 조례를 만들 수도 있고, 정책을 바꾸거나 새로 추진할 수도 있다. 이것이 물론 쉬운 일은 아니지만 공동체가 세상을 바꾸는 유력한 방도 가운데 하나인 것은 분명하다. 이렇게 한 지역이 제대로 바뀌면 그 여세를 몰아 더 넓고 깊은 변화를 이끌어 내기가 한결 쉬워진다.

말입니다.

고립되고 단절된 낱낱의 개인은 약합니다. 하지만 그 개인들이 모여서 만드는 공동체는 강합니다. 하나의 공동체는 보잘것없습니다. 하지만 그 공동체들이 씨줄과 날줄로 엮여 거대하고도 옹골찬 연대의 물길을 이루어 낸다면, 그 도도한 물길의 흐름은 보다 강력한 힘을 뿜어낼 수 있습니다. 이처럼 공동체가 더욱 넓어지고 깊어지고 높아질 때, 공동체는 세상을 보다 힘차게 바꿀 수 있게 됩니다.

그렇습니다. 거대한 둑을 무너뜨리는 작지만 결정적인 구멍. 거인 골리앗을 쓰러뜨린 소년 다윗의 돌팔매. 이것이 세상을 바꾸고자 하는 공동체가 가야 할 길입니다.

어느덧 공동체 탐구 여행의 막바지에 이르렀네요. 지금까지 공동체의 이모저모를 다각도로 살펴보았습니다. 마을과 협동조합을 중심으로 공동체를 일구어 가는 다채로운 현장들을 들여다보고, 공동체에 담겨 있는 힘과 매력은 물론 한계와 문제점도 아울러 짚어 보았지요. 그러고서 공동체가 세상과 사람을 어떻게 바꾸는지에 대해서도 알아 보았습니다.

그렇다면 이제 이런 질문에 대한 답을 찾아볼까요? '내가 참여하고 실천할 수 있는 공동체 활동은 뭘까?'라는 게 그것입니다. 여러분이 어떤 방식이나 수준으로든 공동체 활동에 직접 참여하거나 아니면 부분적으로 관여라도 한다면, 이 책이 전하는 내용을 넘어 공동체에 대한 이해가 더욱 깊어지고 풍성해질 것입니다. 무엇보다 그런 경험

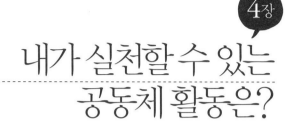

내가 실천할 수 있는
공동체 활동은?

을 통해 자기 삶을 더욱 살찌우고 생활의 새로운 보람과 재미를 맛볼 수 있겠지요.

우선 두 가지 사례를 소개합니다. 둘 다 여러분 같은 청소년들이 공동체 활동을 열심히 벌이는 곳이므로 나름의 참고자료가 될 수 있을 것입니다.

1 밴드가 꽃피운 청소년 문화 공동체, '즐거운가'

첫 번째는 청소년들이 문화예술 활동을 중심으로 공동체를 이루고 그것이 발판이 되어 마을 공동체로 발전하고 있는 곳의 이야기입니다.

서울 송파구 문정동엘 가면 '함께 웃는 마을 공동체 즐거운가(이하 '즐거운가'로 줄임)'라는 데가 있습니다. 여기는 청소년들이 주인공이 되어 다양한 문화예술 활동을 벌이는 청소년 문화 공동체이자, 주변 마을 사람들 또한 즐겨 찾는 마을의 문화예술 공간입니다. 첫걸음은 조그만 밴드 활동에서 시작되었습니다. '즐거운가'가 만들어지기 전 인근에는 중고등학생을 위한 청소년 공부방이 있었습니다. 그런데 이 공부방을 이끌던 대학 노래패 출신의 선생이 어느 날 청소년들에게

희망과 용기를 불어넣어 주려고 밴드를 만들어 보자는 제안을 하게 됩니다. 2004년의 일이었지요.

그리하여 밴드부가 만들어지긴 했지만, 변변한 악기를 갖추긴 어려웠던 탓에 처음엔 고장 난 기타, 기타 줄을 끊어서 만든 베이스, 폐타이어 같은 것으로 연습을 시작했습니다. 폐타이어는 드럼을 치기 위한 악기 대용 도구였지요. 그런 조건에서도 아이들은 새로운 경험, 새로운 활동에 점점 빠져들면서 남다른 즐거움과 행복감을 느꼈습니

다. 비가 오면 악기부터 찾아 우산을 씌워 줄 정도로 밴드 활동에 대한 애정이 뜨거웠다지요. 밴드 활동은 아이들에게 '새로운 눈'을 뜨게 해 주었고, 밝고 활기찬 에너지를 불어넣어 주었습니다.

'즐거운가'는 이 청소년 밴드가 새로운 연습실을 구하는 과정에서 탄생했습니다. 지금의 '즐거운가' 자리는 본래 허름한 양말 공장으로 쓰던 곳이었습니다. 그런데 연습실을 구하려고 막상 알아보니 임대 보증금으로 내야 할 돈의 액수가 아주 컸습니다. 그래서 여기저기서 후원을 받기도 하고 주변 마을 사람들의 도움을 받기도 했지요. 그런데 이 과정에서 사람들 사이에 끈끈한 신뢰와 연대의 관계가 만들어졌습니다. 협력해서 힘을 합치면 뭔가를 이루어 낼 수 있다는 걸 경험한 거지요. 공동체의 씨앗이 뿌려진 겁니다.

이처럼 '즐거운가'는 청소년들한테서 비롯되었지만 단순히 밴드 연습실로만 쓰이지 않습니다. 갖가지 프로그램을 진행하는 마을의 문화예술 공간이기도 하고, 사람들이 만나고 모이고 회의도 하고 일도 벌이는 마을 회관이기도 하고, 재밌으면서도 안전한 아이들의 놀이터이기도 한 곳이 '즐거운가'입니다. 그래서 이곳은 규모가 그리 크지 않음에도 카페, 도서관, 수면실, 영화관, 댄스 연습실, 공연무대, 인공 암벽, 객석, 다락방, 샤워장, 세면대, 식당, 사무실 등을 빼곡히 갖추고 있습니다. 밴드 공연이라도 열릴라치면 인공 암벽이 무대가 되고, 맞은편에 커다란 나무블록을 쌓아 객석을 만듭니다. 그럴듯한 공연장이 그렇게 뚝딱 만들어지는 거지요. 청소년 밴드뿐만 아니라 아줌

마 밴드, 직장인 밴드, 청년 밴드를 비롯해 모두 7개 밴드가 맹렬한 활동을 펼치고 있습니다. 풍물이나 바느질 활동 등을 하는 어른 모임이 수시로 열리기도 하고요.

청소년들의 자치와 자율로 움직이는 여기서는 성적을 그리 중요하게 여기지 않습니다. 이곳을 다니는 청소년들의 방학 계획표를 살펴보면 춤, 연극, 악기 연주, 만화 그리기, 탁구, 독서, 요리 같은 것들로 가득 차 있지요. 어느 학부모는 이렇게 말합니다. "다른 데는 보통 공부 성적으로 아이들을 평가하는데, 이곳에 아이를 보내 보니까 우리 아이는 공부 말고는 다 잘한다는 걸 알게 됐어요. 아이가 여기 다니는 게 너무 좋아요."

소박한 청소년 밴드 활동으로 시작되어 마을 공동체의 '거점'으로 자라고 있는 '즐거운가'. 공부 잘하는 것도 중요하지만 잘 '노는' 것도 중요합니다. 그리고 '노는 것'의 핵심은 문화 활동입니다. '즐거운가'는 동무들과 즐겁게 어울리면서 자신의 개성과 재능과 '끼'를 맘껏 분출하는 청소년 문화 공동체이자, 여러 가지 활동에 참여하고 다양한 사람을 만나면서 생생한 삶을 배우는 '살아 있는 학교'입니다. 청소년 공동체 활동의 본보기라 할 만하지요.

2 청소년들의 인문학 공동체, 인디고 서원

다음은 부산 수영구에 있는 '인디고 서원' 이야기입니다. 이곳은 일단 서점입니다. 하지만 특이하게도 이 서점은 청소년을 대상으로 하면서도 참고서나 문제집 같은 것은 전혀 없습니다. 베스트셀러니 교육부 권장도서니 청소년 필독서니 하는 것들도 없고요. 대신 서가는 온통 인문학 책으로만 빼곡하게 채워져 있습니다. 이곳은 단순한 서점이 아니라 중고등학생을 중심으로 한 청소년들이 모여 책 읽고 토론하고 공부하는 '청소년 인문학 공동체'입니다. 스스로는 '아름다운 영혼들의 자유로운 공동체'라 부르지요.

2004년에 첫걸음을 뗀 이 서원을 지금은 매주 수백 명의 청소년이 찾아옵니다. 와서 다양한 프로그램에 참여하지요. 일상적으로 이루어지는 활동은 독서 모임과 토론 모임이지만, 그 밖에도 이들이 벌이는 여러 일들은 하나같이 만만치 않습니다.

이를테면 이들은 '주제와 변주'라는 명칭의 저자 초청 토론회를 그동안 수십 번이나 열어 왔습니다. 어떤 책의 저자를 초청할지도 청소년들이 회의에서 스스로 정하고, 저자에게 연락해서 강연을 부탁하는 일도 청소년들이 직접 합니다. 요청받은 저자들은 거의 대부분 흔쾌히 수락한다지요. 〈INDIGO+ing〉이라는 이름의 인문 교양 잡지와 영문으로 된 국제 인문학 잡지 〈INDIGO〉를 철마다 한 번씩 펴내기도 합니다.

지난 2007년부터 시작한 청소년 인문학 토론회 '정의로운 세상을 꿈꾸는 청소년, 세계와 소통하다(정세청세)'는 날로 성장을 거듭해 지

∴ 청소년 인문학 토론회 '정세청세'에서
청소년들이 자유롭게 서로의 생각들을
공유하고 있다.

∴ 인디고 글로벌 인문학 프로젝트 '인디고 유스 북페어' 행사 현장.

금은 전국 규모 행사로 치러지고 있습니다. 지난 2014년 행사 때만
해도 전국 20개 도시에서 3600명이 넘는 청소년들이 참여했다지요.
나아가 2008년부터는 2년에 한 번씩 인디고 글로벌 인문학 프로젝
트인 '인디고 유스 북페어'라는 걸 열고 있습니다. 이것은 세계적으로
유명한 학자나 운동가들을 인디고 서원이 있는 부산으로 초대하여
서로 교류함으로써 새로운 국제적 문화 연대를 실천하고자 하는 활
동입니다. 더불어 청소 캠페인, 독거노인 돕기 같은 활동도 벌이고,
학부모 독서회 모임, 청년 모임 등을 꾸리기도 합니다. 관심사와 하는
일이 참 다채롭고 방대하지요.

그런데 이 모든 활동을 주도하고 세부적인 일까지 도맡아 하는 건

바로 청소년들 자신입니다. 여기 모이는 청소년들은 좋은 책을 읽고 배우고 토론하는 것, 그리고 그렇게 익힌 것을 실천으로 옮기는 것이 진정한 교육이라고 여깁니다. 그래서 여기서는 단지 책 읽고 지식을 쌓는 데서 그치는 게 아니라 도덕적 품성, 문화예술적 감수성, 인문적 상상력을 키우는 일에도 큰 공을 들입니다. 진지하고 깊은 생각을 키우는 좋은 책을 통해 청소년들의 꿈을 응원하고 새로운 문화를 창조하도록 이끄는 곳, 열정과 신념을 바탕으로 세상을 변화시키고자 하는 청소년들이 서로 친밀하게 교류하고 소통하는 자유로운 공동체가 곧 인디고 서원인 셈입니다. 문화 운동, 공동체 운동, 청소년 대안 교육 운동이 동시다발로 펼쳐지는 곳이라고나 할까요?

참고로, 이제 대학생이 된 이곳 출신의 어느 청소년이 털어놓은 다음과 같은 이야기는 인디고 서원이 어떤 곳인지를 잘 보여 줍니다.

"우리는 함께 나아가기 시작했다. 우리는 더 많은 자료를 찾아 친구들에게 알려 주고 싶어 했고, 더 많은 정보와 지식을 서로 공유하고자 했다. 우리는 '내'가 잘되는 것보다 '우리'가 잘되길 바랐다. 그러다 보니 나도 모르게 살아 있는 지식이 나를 채우고 있었고, 더불어 남을 생각하고 아끼는 마음이 서로의 마음에서 자라고 있었다. (…) 이른바 명문대 학생들이 시험 기간에 끙끙대며 읽는 책들의 대부분이 현재 인디고 서원의 고등학생 친구들이 읽고 있는 책들이다. 나는 대학 입학 구술시험에서 인디고 서원에서 읽고 토론했던 여러 책들과 그 속의 다양한 내용들을 떠올리면서 천편일률적인 다른 아이들과 달리

독창적인 대답을 했다. 무엇보다 인생을 아름답고 풍요롭게 그리고 성숙하고 향기롭게 사는 법을 배웠다. 여기서 나는 언어 영역 점수도 쌓아 갔고, 토론의 힘도 쌓아 갔고, 철없던 나의 삶을 참되게 바꾸어 갔고, 인생의 든든한 동지들과 무한한 행복도 키워 갔다. 획일적이고 답답한 현 교육 체제에서 내 꿈은 여기서 발아했고, 아직도 이곳에서 나의 꿈은 자라고 있다."

어떤가요? 이런 공동체에 참여한다면 재미와 보람을 동시에 느낄 수 있지 않을까요? 앎과 삶 모두가 쑥쑥 크는 알찬 경험을 할 수 있지 않을까요?

3 동아리를 만들고 협동조합에 가입하자

한데, '즐거운가'나 인디고 서원 같은 곳은 그리 흔하지 않습니다. 그래서 이런 공동체 활동에 참여하고 싶은 마음이 아무리 우러나도 실제로 행동에 옮기기는 어려울 때가 많습니다. 그래서 먼저 권하고 싶은 건, 작고 어설프더라도 동무들과 함께 동아리 활동을 스스로 조직해 보라는 것입니다. 인디고 서원처럼 독서 모임, 토론 모임, 공부 모임 같은 걸 만들 수도 있고, '즐거운가'처럼 악기 연주나 노래 부르는 모임 같은 걸 만들 수도 있습니다. 뿐만 아니라 스포츠나 자원봉사 등을 비롯해 취미, 관심사, 소질 등에 따른 아주 다양한 모임을 구상할 수 있겠지요.

너무 하찮아 보이나요? 또 그게 무슨 공동체 활동이냐고요? 맞습니다. 이런 모임을 공동체라 하긴 어렵습니다. 하지만 공동체란 이런 데서 시작하는 것이기도 합니다. 중요한 건 제대로 된 공동체 꼴을 갖추었느냐 여부가 아닙니다. 공동체에 대한 관심, 공동체에 담긴 의미와 가치를 내가 처한 조건과 수준에 맞게 행동으로 옮겨 보고 경험해 보는 것 자체가 소중한 일이니까요. 이런 실천은 본격적인 공동체 활동이라고 할 수는 없겠지만, 공동체를 연습하고 미리 '맛보는' 일이라는 점에서 두고두고 값진 자산이 될 수 있습니다.

아니면, 인디고 서원이나 '즐거운가' 같은 곳이 흔하진 않다 해도 보다 적극적으로 나서서 세심하게 알아보고 찾아보면 이런 활동을 나름대로 펼치는 곳을 만날 수도 있습니다. 사실 알고 보면 청소년들이 손쉽게 참여할 수 있는 독서 모임, 토론 모임, 문화 활동 모임 같은 것들이 전국 곳곳에서 움직이고 있습니다. 물론 이 가운데는 기존의 획일적인 제도권 교육 시스템과 별반 다를 게 없거나 그다지 건강하지 못한 곳들도 있고, 활동 내용이 부실한 곳도 있으므로 잘 살펴보아야겠지요.

또 하나는 생협에 가입하는 것입니다. 아직 여러분은 어른이 아니므로 부모님에게 가입을 권유하거나 부모님 도움을 받아야겠지요. 처음 가입하는 데 드는 돈은 생협에 따라 조금씩 다르지만 보통 3만~5만 원 정도 안팎이므로 큰 부담이 되지는 않을 것입니다. 더구나 전국적으로 많은 지역에 생협 매장이 갖추어져 있으므로 큰 불편 없이 이용할 수 있습니다.

생협 조합원이 되면 식구 모두에게 좋은 점이 한두 가지가 아닙니다. 우선은 오염된 먹거리가 판치는 현실에서 안전하고 질 좋은 먹거리를 안심하고 먹을 수 있게 되지요. 하지만 여기서 더 나아가 생협에서 진행하는 다양한 프로그램이나 행사에 참여하면 새로운 경험을 쌓을 수도 있고 색다른 공부도 할 수 있습니다. 예를 들어 생산지 농장에 견학을 갈 수도 있고, 농사 체험을 직접 해 볼 수도 있으며, 농민과 일상적으로 만나면서 서로 교류할 수도 있습니다. 그러면서 땅과 자연, 농업과 먹거리의 소중함을 몸소 배우고 체험할 수 있지요. 이것은 학교나 학원에서는 접할 수 없는 '산 공부'가 될 것입니다.

그러다 좀 더 나아가면 생협 조합원들이 중심이 되어 마을 공동체를 만드는 일에도 서서히 참여할 수 있게 됩니다. 공동체적 삶을 일상에서 경험하고 실천할 수 있게 되는 거지요. 협동조합에 가입한다는 것은 이미 공동체 활동에 발을 담그기 시작했음을 뜻합니다. 세상을 바꾸는 일에 동참하기 시작했다는 얘기지요. 그만큼 뜻 깊은 일입니다.

4 마을과 학교에서 할 수 있는 일들

여러분이 사는 마을을 주의 깊게 둘러보라는 얘기도 하고 싶네요. 각자 자기가 사는 마을이 어떤 곳인지, 마을에서 어떤 일들이 벌어지고 있는지를 한번 진지하게 알아보고 조사해 보기 바랍니다. 힘들면 부모님이나 주변 이웃의 도움을 받을 수도 있겠지요. 또는 지역에서 활동하는 시민단체나 주민조직이 있다면 이런 곳에서도 요긴한 도움을 받을 수 있고요. 앞에서 성미산 마을 한복판에 살면서도 자기가 사는 곳이 성미산 마을인지를 모르고 있던 사람 이야기를 한 적이 있습니다. 사실 우리 모두 그런 일을 겪을 수 있지요. 그래서 관심을 가지고 내가 사는 곳을 꼼꼼히 들여다보면 이전에는 알지 못했던 사실을 새롭게 발견할 수도 있습니다. 그것이 꼭 제대로 된 마을 공동체 활동까지는 아니더라도 뭔가 의미 있는 일들이, 뭔가 눈여겨볼 움직임이 한두 가지쯤 진행되고 있을 가능성은 얼마든지 있습니다. 그런 일, 그런 움직임이 계기가 되어 나중에라도 내가 사는 마을에서 공동체 활동이 활발하게 펼쳐지지 말란 법은 없지요.

핵심은 자기가 사는 마을에 관심을 가지고 마을이 돌아가는 상황을 실제로 한번 알아보라는 것입니다. 물론 새로 알아낼 것이 전혀 없을 가능성도 얼마든지 있습니다. 아마도 실제로는 이런 경우가 많을 것입니다. 하지만 그렇다고 실망할 필요까지는 없습니다. 이런 경험을 하면서 자연스레 '우리 마을에 별다른 활동이나 움직임이 없는 이유는 뭘까? 우리 마을에 필요한 건 뭘까? 우리 마을이 잘되려면 무얼 해야 할까?' 등과 같은 문제의식이 생겨날 수도 있습니다. 마을에 대한 이런 관심이야말로 공동체의 씨앗이 뿌려지는 소중한 토양이 됩니다. 더구나 내가 사는 마을을 조사해 보는 것은 살아 있는 공동체 공부의 중요한 일부이기도 합니다.

그 연장선에서 여러분이 다니는 학교를 한번 살펴보는 건 또 어떨까요? 사실 영국을 비롯해 세계 여러 나라에서는 학교도 협동조합 형태로 운영하는 경우가 더러 있습니다. 갈수록 늘어나고 있지요. 이처럼 학교에서도 공동체 실험을 해 볼 수 있고, 그것을 위한 효과적인 수단은 협동조합입니다.

특히 가장 먼저 떠올릴 수 있는 것은, 여러분이 간식을 사 먹곤 하는 매점을 협동조합 형태로 운영하는 방법입니다. 학교에 협동조합 매점을 만든다는 얘기지요. 한마디로, 학교의 세 주체인 학생, 학부모, 교직원 중에 뜻을 함께하는 사람들이 조합원으로 참여해 협동조합 매점을 만들고, 거기서 건강하고 안전한 먹거리를 판매한다는 겁니다. 기존의 일반 매점처럼 돈벌이가 목적이 아니므로 판매 수익은 학생 장학금이나 학교 시설 개선 등과 같이 학생들의 생활복지를 위해 쓰면 더욱 좋겠지요. 또한 이런 취지에 공감하는 지방자치단체, 교육청, 지역의 여러 단체나 조직 등을 후원자 조합원으로 끌어들일 수도 있습니다. 이런 일이 이루어진다면 조합에 참여한 학생들은 매점의 어엿한 주인으로서 매점 운영에 직접 참여할 수 있습니다. 곧, 내

∴ 우리나라 최초로 학생들이 주축이 되어 학교매점 협동조합을 운영하고 있는
성남 복정고등학교 복스쿱스. 복스쿱스 운영에 참여하고 있는 학생들은 정기적으로
협동조합에 관한 교육을 받고, 효율적으로 매점을 운영하기 위해 함께 고민하며,
그 고민들을 실행에 옮긴다.

가 먹을 음식을 내가 정하고, 팔아서 번 돈을 어디에 쓸지도 내가 정
할 수 있습니다. 학교에서 공동체와 민주주의를 직접 체험하고 실습
하는 거지요.

낯설고 황당한 얘기로 들린다고요? 물론 그럴 수 있습니다. 하지만
우리나라에도 매점을 협동조합으로 운영하는 학교가 여러 군데 있습
니다. 관심도 갈수록 높아지고 있고, 실제 추진 움직임 또한 여기저기
서 활발해지고 있습니다. 그래서 앞으로 더욱 많은 학교 협동조합 매

점이 등장할 것입니다.*

　학교 협동조합 매점은 하나의 보기입니다. 사실 아직은 학교 분위기나 여건에 따라 협동조합 얘기가 통하지 않는 곳도 많겠지요. 중요한 것은 내가 다니는 학교가 어떻게 운영되고 돌아가는지를 관심을 가지고 들여다보면서, 학교에서 실천할 수 있는 공동체 활동을 보다 다각적이고도 깊이 있게 궁리해 보는 일입니다. 이런 문제를 놓고서 친구들과 대화를 나누고 함께할 수 있는 일을 더불어 찾아본다면 더욱 좋을 테고요.

5 '멋진 사람'으로 성장하려면

이제까지 청소년 여러분이 시도해 볼 만한 몇 가지 공동체 활동 제안을 했습니다. 그런데 사실, 여러분은 아직 성인이 아니어서 공동체 활동과 관련해 어떤 일이나 상황에 주도적으로 참여하기는 힘들 것입니다. 어떤 활동을 맘먹고 제대로 하기엔 여러 가지 한계가 있지요. 그래서 어쩌면, 지금 당장 뚜렷하고 속 시원한 실천을 하지는 못하더

• **2015년** 현재 학교 협동조합 방식의 매점이 이미 전국 10여 곳에서 꾸려져 활동하고 있다. 또한 서울시 교육청에서는 2015년에 초·중·고등학교를 합쳐서 친환경 먹거리를 파는 협동조합 매점을 운영하는 '시범학교' 10곳을 추가로 만들 계획을 추진하고 있다. 대학교의 경우는 2015년 현재 33곳에서 매점이나 식당 등을 운영하는 대학 생협이 활동하고 있다.

라도 공동체의 의미와 가치를 깊이 새기고 익히는 게 더 중요한 일일지도 모릅니다.

이런 맥락에서 우정과 협동과 연대, 호혜와 상부상조, 자율과 자치, 조화와 공생, 나눔과 돌봄 같은 공동체의 핵심 원리들을 일상생활에서 실천하려고 노력하기 바랍니다. 서로 돕고 나누고 연대하는 법, 나와 다른 사람들과 어울리고 부대끼면서 더불어 생활하는 법, 입장과 이해관계가 다르더라도 상대방을 존중하고 배려하는 법, 개인을 넘어 전체가 이롭도록 하는 법을 끊임없이 궁리하고 실행에 옮기기 바랍니다.

이처럼 어려서부터 공동체적 품성과 자질을 갈고닦는 것이 중요한 이유는, 이것이 나중에 여러분이 본격적으로 공동체를 이루거나 공동체 활동에 참여할 때 '든든한 밑천'이 되기 때문만은 아닙니다. 시야를 넓히면, 여러분이 장차 '멋진 민주 시민', '자기 삶의 주인으로 살아가는 독립적 자유인', '건강하고 품위 있는 생활인', '더불어 살 줄 아는 성숙한 사회인'으로 커 나갈 수 있는 삶의 지혜를 여기서 얻을 수 있기 때문입니다.

'흔들리며 피는 꽃',
공동체

오늘날 공동체는 새로운 삶의 틀, 논리, 가치를 만들어 가고 있습니다. 첫 걸음은 일상생활의 문제에서 비롯되었지만 점차 세상의 구조와 질서를 바꾸려는 활발한 움직임으로 성장하고 있습니다. 처음에는 공동체에 속한 사람들의 행복과 안녕을 우선시했지만, 공동체가 발전하고 성숙함에 따라 삶의 전환과 세상의 변혁을 동시에 꿈꾸는 방향으로 나아가고 있습니다.

그래서 오늘날 공동체는 자기 삶을 바꾸면서 깊은 자유와 행복을 경험한 사람들이 그것을 이웃과 사회 전체로 넓히고자 하는 몸짓이라고 할 수 있습니다. 지금 이 세상을 떠받치고 있는 두 가지 기둥은 권력과 통치와 지배의 논리로 무장한 국가 시스템, 그리고 이윤과 경쟁과 효율의 논리로 돌아가는 자본주의 시스템입니다. 이 두 가지가 정치, 경제, 사회, 문화 등을 비롯한 모든 영역을 손아귀에 쥐고서 이 세상과 우리 삶을 쥐락펴락하고 있지요. 이에 맞서, 나아가 이를 넘어서서, 이윤이 아닌 호혜와 협동을 경제 규칙으로 만들고, 경쟁이 아닌 연대와 공생을 사회 원리로 만들며, 지배가 아닌 자율과 자치를 정치 규범으로 만들고자 하는 것이 공동체 운동입니다.

하지만 앞에서 검토했듯이 공동체는 완전하지 않습니다. 빛나기만 하는 것이 아니라 '그늘'도 드리우고 있습니다. 강력한 힘과 거대한 가능성과 멋진 매력이 듬뿍 담겼으면서도, 갖가지 한계와 약점과 골치 아픈 숙제들을 동시에 짊어지고 있는 게 공동체입니다. 또 사실, 더불어 살고 어울려 지내는 게 중요하다지만 결국 내 인생, 내 행복, 내 문제는 '나'라는 개인이 단독으로 책임지고 해결해야 할 몫이 아니냐고 여길 수도 있습니다. 요즘처럼 경쟁이 치열하고 나 혼자 먹고살기도 벅찬 판국에 남을 챙기고 다른 사람과 뭔가를 나눌 여유가 어디 있느냐는 아주 '현실적인' 반문이 나올 법도 하고요.

공동체가 오늘날 소중한 구실을 하고, 큰 기대와 주목을 모으며, 그 덕분에 빠르게 퍼져 나가고 있는 건 사실입니다. 참 반갑고 기쁜 일이지요. 하지만 공동체가 새로운 미래의 진정한 대안이자 희망의 깃발로 힘차게 나부끼기까지는 앞으로 헤쳐 나가야 할 길이 만만치 않습니다. 공동체가 제대로 삶을 바꾸고 세상을 바꾸려면 공동체 스스로도 끊임없이 변화하고 진화해야 합니다.

그렇습니다. 공동체란 굳어 있거나 멈춰서 있는 게 아니라 끊임없이 움직이고 흐르는 것입니다. 닫힌 것이 아니라 열린 것입니다. '결과'가 아니라 '과정'입니다. '어제'의 시냇물이 '오늘'의 강으로 흐르고 있지만 '내일'은 더 많은 물줄기를 다양하게 받아들이며 더욱 넓고 깊은 바다로 나아가야 하는 게 공동체입니다. 씨줄로는 '관계'가, 날줄로는 '시간'이 서로 엇갈리고 가로지르고 겹치고 포개지면서 비로소 빚어지는 것이 공동체입니다. 추상적이고 관념적인 '모두' 또는 '하나'가 아니라, 구체적이고 역동적인 '우리' 또는 '여럿'을 함께 찾고 창조해 나가는 것이 공동체입니다. 그렇게 '흔들리며 피는 꽃'이 참된 공동체입니다.

사람들이 더는 서로의 안부를 묻지 않는다면, 사람들이 더는 다른 사람의 안녕을 궁금해하지 않는다면, 아마도 그때야말로 세상은 마지막 벼랑 끝일 것입니다. 세상의 끝이기도 하고 '인간다움'의 끝이기도 할 것입니다. '관계'의 끈이 끊어진 곳에서, 서로 돕고 더불어 사는 삶이 무너진 곳에서, 그렇게 사랑과 믿음과 우정이 사라진 곳에서, 과연 사람이 사람답게 살 수 있을까요?

모든 것은 서로 연결되어 있습니다. 사람과 사람 사이, 사람과 자연 사이, 개인과 사회 사이 모두가 그러하지요. 공동체가 필요한 까닭입니다. 공동체가 소중한 까닭입니다. '사이'를 이어 주고 '관계'를 엮어 주는 게 공동체입니다. 그것을 통해 공동체는 사람을 변화시키고 세상을 바꿉니다. 이것이 공동체가 지닌 힘의 뿌리입니다. 사람이 사람답게 사는 길. 그런 세상으로 가는 길. 이것이 공동체의 길입니다.

참고문헌(가나다 순)

《공동체 도시》(우미숙 지음, 한울아카데미 펴냄, 2014)

《깨어나라! 협동조합》(김기섭 지음, 들녘 펴냄, 2012)

《나에게 품이란 무엇일까?》(윤구병 외 지음, 철수와영희 펴냄, 2014)

《누가 행복한지 보세요》(장성익 지음, 풀빛미디어 펴냄, 2014)

《다시, 마을이다》(조한혜정 지음, 또하나의문화 펴냄, 2007)

《단속사회》(엄기호 지음, 창비 펴냄, 2014)

《도시 공동체론》(한국도시연구소 지음, 한울아카데미 펴냄, 2003)

《로치데일 공정선구자 협동조합》(조지 제이콥 홀리요크 지음, 정광민 옮김, 그물코 펴
    냄, 2013)

《마을공화국의 꿈, 홍동마을 이야기》(홍동마을 사람들·충남발전연구원 지음, 한티재
    펴냄, 2014)

《마을기업 희망 공동체》(정윤성 지음, 씽크스마트 펴냄, 2013)

《마을로 가는 사람들》(인간도시 컨센서스 지음, 알트 펴냄, 2012)

《마을로 간 인문학》(김영선·이경란 엮음, 당대 펴냄, 2014)

《마을에서 세상을 바꾸는 사람들》(구도완 지음, 창비 펴냄, 2009)

《마을의 귀환》(오마이뉴스 특별취재팀 지음, 오마이북 펴냄, 2013)

《마을의 재발견》(김기홍 지음, 올림 펴냄, 2014)

《모두를 위한 마을은 없다》(하승우 외 지음, 삶창 펴냄, 2014)

《몬드라곤에서 배우자》(윌리엄 F. 화이트·캐서링 K. 화이트 지음, 김성오 옮김, 역사비평
    사 펴냄, 2012)

《몬드라곤의 기적》(김성오 지음, 역사비평사 펴냄, 2012)

《발전은 영원할 것이라는 환상》(질베르 리스트 지음, 신해경 옮김, 봄날의책 펴냄, 2013)

《백만 개의 조용한 혁명》(베네딕트 마니에 지음, 이소영 옮김, 책세상 펴냄, 2014)

《살림의 경제학》(강수돌 지음, 인물과사상사 펴냄, 2009)

《얼마나 있어야 충분한가》(로버트 스키델스키·에드워드 스키델스키 지음, 김병화 옮김, 부키 펴냄, 2013)

《오래된 미래》(헬레나 노르베리 호지 지음, 양희승 옮김, 중앙북스 펴냄, 2007)

《우리는 이상한 마을에 산다》(댄 핸콕스 지음, 윤길순 옮김, 위즈덤하우스 펴냄, 2014)

《우리, 협동조합 만들자》(김성오 외 지음, 겨울나무 펴냄, 2013)

《우린 마을에서 논다》(유창복 지음, 또하나의문화 펴냄, 2010)

《이 폐허를 응시하라》(레베카 솔닛 지음, 정해영 옮김, 펜타그램 펴냄, 2012)

《정태인의 협동의 경제학》(정태인·이수연 지음, 레디앙 펴냄, 2013)

《타자를 위한 경제는 있다》(J.K. 깁슨-그레이엄 외 지음, 황성원 옮김, 동녘 펴냄, 2014)

《한국사회와 공동체》(이종수 엮음, 다산출판사 펴냄, 2008)

《행복과 21세기 공동체》(이동수 엮음, 하승우 외 지음, 아카넷 펴냄, 2013)

《행복한 실천》(서화숙 지음, 우리교육 펴냄, 2005)

《현대사회에서 공동체는 가능한가》(강대기 지음, 아카넷 펴냄, 2001)

《협동조합도시》(김현대 지음, 한울아카데미 펴냄, 2013)

《협동조합으로 기업하라》(스테파노 자마니·베라 자마니 지음, 송성호 옮김, 한국협동

조합연구소·북돋움 펴냄, 2012)

《협동조합의 오래된 미래 선구자들》(윤형근 지음, 그물코 펴냄, 2013)

《협동조합, 참 쉽다》(이대중 지음, 푸른지식 펴냄, 2013)

《협동조합, 참 좋다》(김현대 외 지음, 푸른지식 펴냄, 2012)

《혼자라서 지는 거야》(장성익 지음, 풀빛미디어 펴냄, 2014)

《My Beautiful Girl, Indigo 인디고 서원, 내 청춘의 오아시스》(아람샘과 인디고

아이들 지음, 궁리 펴냄, 2011)

〈한겨레〉, 〈경향신문〉, 〈프레시안〉, 〈오마이뉴스〉 관련 기사들